凡·高的故事

【法】让-雅克·莱维柯 著 / 汪畅 译

目录

序言
Prologue
004

黑暗之路

孤独之井
The Well of Solitude
012

青年狗艺术家的画像
A Portrait of the Artist as a Young Dog
016

天生我才
To the Manner Born
020

堕入地狱
The Descent to Hell
024

丑小鸭
The Ugly Duckling
028

传道之人
A Man of His Word
036

海牙画派
The Hague School
042

阴影与光明
Shadow and Light
044

触手般扩展的城市
Tentacular Cities
048

悲伤经历
Sorrow's Sister
050

家庭生活
Family Life
056

大地
The Good Earth
062

左拉的世界观
The Universe of Zola
066

沉默的礼物
The Gift of Silence
070

偶像米勒
The Example of Millet
072

农民道德
The Peasant Ethic
080

激情的浅滩
The Shoals of Passion
086

鲁本斯：色彩的迸发
Colour-Burst: Rubens
092

自我征服
Self-Conquest
098

光明之路

光明之城
The City of Light
106

巴黎时光
The Paris Period
108

蒙马特的风车
The Windmills of Montmartre
116

深渊的景象
A Vision of the Abyss
120

"老爹"唐吉
At 'Papa' Tanguy's
126

日本艺术的影响
Japanese Influences
130

自画像
Self-Portrait
134

普通人的庆典
The Celebration of the Common Man
138

宁静与危机
Tranquillity and Crisis
146

客观世界
The World as Object
150

咖啡公社
Café Society
154

失乐园：米迪画室
Paradise Lost: l'Atelier du Midi
160

凡·高的耳朵
Vincent's Ear
168

长跑者的孤独
The Loneliness of the Long-Distance Runner
172

囚禁
Confinement
176

精神病院的回忆
Memories of the Madhouse
180

奥弗瓦兹河畔
Auvers-sur-Oise
184

恶兆之鸟
Birds of Evil Omen
190

阁楼之死
Death in a Garret
196

诗人之声
The Voice of the Poet
200

艺术家的解剖
The Autopsy of an Artist
208

航行到夜的尽头
A Voyage to the End of the Night
210

行程表
The Itinerary of an Artist
218

年表
A Comparative Chronology
222

原版书作品索引
Index of Works
224

原版书作品版权
Photographic Credits
226

《鸢尾花》
Irises

现收藏于荷兰阿姆斯特丹的凡·高博物馆

画面中的鸢尾花华丽地盛放着，色彩之间的张力更加突出了鸢尾花的存在感，创造出极具个性的视觉效果，表达了艺术家与大自然之间亲密无间的关系。

序 言
Prologue

  文森特·凡·高独一无二的画作与他本人有着千丝万缕的联系。尽管凡·高一生命运多舛，但仍在极大的痛苦下坚守着对生存的炽热信仰。凡·高的生活与艺术成为赞颂人类经验的诗篇。

  伴随着忧伤与痛苦，凡·高的作品打破了寻常事物的界线，完成了对现实本身的超越。怀揣着艺术家的理想，凡·高将生活的苦痛转化为纯粹的创作激情，决心创造出一种崇高的新美学和不平凡的命运。

  对凡·高来说，绘画不仅是一种令人愉悦的活动，也不只是简单地掌握一项技能。通过观察与了解身边的男男女女，凡·高切身体会到人类的苦难，因此他认为绘画是一种自然而然的探索活动——试图通过坚定信仰的艺术去描绘人世间的苦难，使所有的苦难更加圣洁。

《自画像》
Self-Portrait
现收藏于美国芝加哥艺术学院

在一生中的不同时期，凡·高根据不同的心境，采用多种方式绘制了许多自画像。凡·高的自画像不仅极端而又清晰地再现了艺术家的容貌，更赤裸裸地揭示了他的灵魂。

序言

凡·高是一位专注且热忱的《圣经》读者。在他的眼里，福音书不仅有着优美的叙述，还蕴含着深刻的真理。更重要的是，凡·高将《圣经》视作道德和伦理的准则，并不断地尝试将书中的理想主义融入自己的生活与艺术中。在与生命矛盾性的一次次痛苦对抗中，凡·高不再自悲自悯，也不再自以为是。他比同龄人更早地体会到人生中最为黑暗的深渊，也更早地陷入过最为绝望的境地。凡·高一度渴望成为一名福音传道者和牧师，但却因无法抑制的悲悯之心接二连三地被教会拒之门外。最后，走投无路的凡·高只剩下了艺术。从始至终艺术对他都有一种天然的吸引力，并且艺术在他的手里成为一种可以超越人类局限性与挫败感的工具。

《奥弗斯平原》
Auvers Plain
现收藏于奥地利美景宫美术馆

如果说画中法兰西岛的风景展现了一种荷兰乡村所缺乏的视觉复杂性，那么只有凡·高看到了风景中具有的悲剧性一面，这也从侧面反映了他当时落魄的生活状态。

　　怀着对艺术的诚挚与理想主义，凡·高对成功、社会名望甚至物质生活的舒适都不再追求。尽管这些所谓的身外之物早就拒他于千里之外，但他毫不在意。因为凡·高一心想要深入自己的内心世界，超越疯狂的界线，抵达一个终极的目的地——在那里，天堂之光神圣地照耀着，地平线缓缓地拉开，个人的存在之路与流星的轨迹融为一体。

　　凡·高的艺术之路是一次穿越黑暗与光明的极限旅程，见证了探索、发现及最终的失落，完成了精神与心灵的交融，充盈着力量与神圣的欢乐。这是一条成为圣人或狂人的探索之路，也是一条大部分人怯于踏上的道路，充斥着孤独、否定和危险。

《出发到塔哈斯孔的画家》
The Painter on the Road to Tarascon
已销毁

这幅画描绘了凡·高眼中的自己：总是独身一人，头顶着烈日，就像一头驮着颜料与画架的野兽。

在这场灵魂的冒险中，凡·高孤身一人、无依无靠，孤独地面对着内心的魔鬼。他不仅经历着家庭关系、社会地位及自身精神状态的逐渐瓦解，还遭受着他人无尽的误解及否定。最终，他不堪重负、无路可走，精神彻底地崩溃了。

在凡·高之前，没有任何画家走过与他相似的道路。他本人超越了一切的常规，因此任何的正规定则都无法用来评判他的所作所为。凡·高的内心深处充盈着艺术的庄严，一路上坚定且努力，将自己置身于圣人、英雄和殉道者的世界中。如果说这个世界上任何通用的标准都无法用来评判凡·高的生活与艺术，那么只能说明他的个人魅力独一无二、无与伦比。我们无法将凡·高传奇的一生与他的艺术之美分开品读，尽管他已经离开这个世界一百多年，但其作品中的人文精神和与生俱来的高尚气质仍然散发着无穷的魅力。

序言

黑暗之路

凡·高自出生起便活在哥哥的阴影下,他不仅经历着家庭关系、社会地位及自身精神状态的逐渐瓦解,还遭受着他人无尽的误解及否定,但他从未向世界妥协,始终在与自己的命运抗争。

1871 年的凡·高肖像照

凡·高身体清瘦，西装打扮传统端庄，五官严肃犀利。这是一张极力寻找自我的年轻人的脸庞。

孤独之井

The Well of Solitude

　　与布勒哲尔、博斯一样，凡·高家族的姓氏起源可以追溯到一个村庄。凡·高的先辈早在17世纪就已在此声名远扬，掌控着社区和教堂的实权，过着丰衣足食的生活。凡·高的父亲特奥多鲁斯是一位加尔文牧师，过着苦行僧一般极端清苦的生活。而家族中的其他成员选择了更加入世的工作，获得了丰厚的物质回报。精神性与物质性的二元对立对凡·高产生了深远的影响。

　　凡·高的父亲性格刻板、严肃。母亲安娜则温和优雅、个性浪漫，从小就接受了良好的教育，具有一定的艺术与文学鉴赏力，擅长水彩画，并且在写作方面也很有才华。虽然父母两人的性格有些许对立，却又能相互补充。凡·高家族中的成员们都有着虔诚的宗教信仰及强大的内心力量，从来不畏惧生存的残酷，懂得欣赏生活的美好。然而，在另一方面，这种教养与修养兼备的家庭环境却总是过于因循守旧，受到既定传统与行为规范的严格制约。对整个家族而言，任何离经叛道的行为都是不可想象、羞于启齿的。凡·高家族所属的社会阶层规定了烦琐的条条框框，阶层

《纽南的牧师住宅》
The Presbytery in Nuenen
现收藏于荷兰阿姆斯特丹的凡·高博物馆

画中为凡·高的父亲特奥多鲁斯的牧师住宅。虽然凡·高无法忍受自己的家庭，但即使成年后，他仍然一直在情感和物质上依赖着这个大家族。

内的人士对自身的正统性自鸣得意，对拥有的权势沾沾自喜，并在所属的关系网中得到一种庇护。虽然凡·高很早就对此愤愤不平，但他也不可避免地享受到了特权带来的福利。与此同时，他越来越意识到自身的格格不入：他既不认同这个社会的道德准则，也不受普世价值观的约束。这一点虽然帮他摆脱了民粹主义的阴影，但也一步步把他推向了家族和社会阶层的边缘。

凡·高还有一个同名（文森特）的哥哥，但哥哥出生后不久就夭折了（1852年3月，即凡·高出生的前一年）。凡·高终身都活在哥哥的阴影下，在研究这位艺术家的精神状况时，这一事件总是绕不开的议题。对凡·高的父母来说，丧子的悲剧打破了原本平静舒适的生活，成为无法释怀的悔恨之源。这场悲剧也长期萦绕在凡·高敏感的心头，久久不能消散。

年幼的凡·高第一次跟随父母前往墓地时，他感到那些被反复无常的命运夺去生命的人的坟墓将他团团围住。当来到哥哥的安息之地、看到墓碑上刻着自己的名字时，凡·高陷入了沉思。

黑暗之路

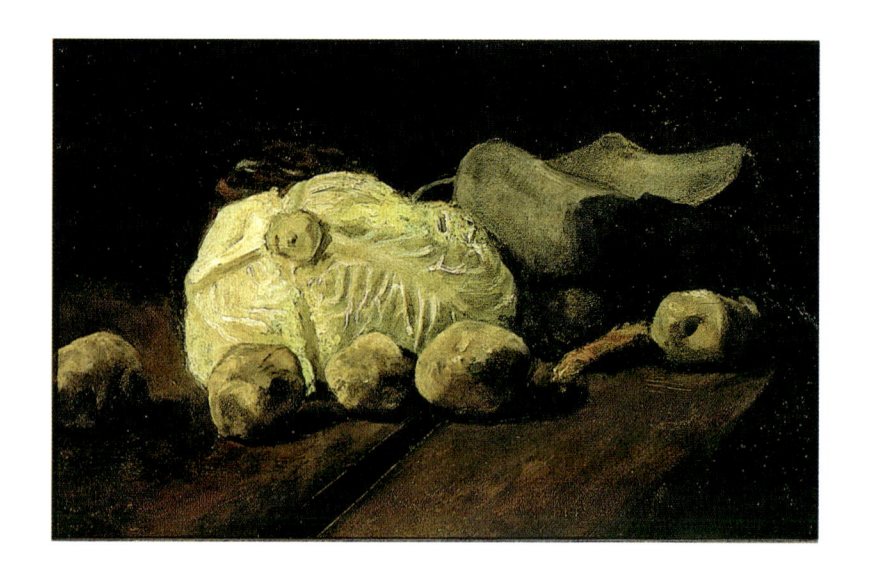

《卷心菜、木鞋和土豆》
Cabbage, Clogs and Potatoes
现收藏于荷兰阿姆斯特丹的凡·高博物馆

土豆是当时荷兰农民赖以生存的食物。虽然为了获得大众的认可,凡·高最初选择用传统的荷兰绘画风格来描绘传统的静物主题。但画面略显阴郁的色调却让人有些喘不过气,仍透露出艺术家毫不妥协的坦诚。

    站在哥哥墓碑前的那几分钟可能是凡·高一生中最为漫长且静默的时刻,对当时还年幼的凡·高造成了深远的影响。自此,凡·高变得越来越内向,也更加喜怒无常。

    凡·高时常会感到哥哥的灵魂就在自己的身边,甚至认定自己就是一位篡位者。他冥冥之中感觉到,将来的某一天他会对哥哥的死亡负责。凡·高注定逃不过自杀的命运。对他来说,只有自杀才能卸下负疚的重担,才能剪断与弟弟提奥之间异常紧密的兄弟纽带。

    提奥是凡·高一辈子的守护者,也是凡·高躲避风浪的港湾。他最终成了凡·高的倾听者,有幸见证了哥哥全部的希望、挫败以及最终的悲剧。两人间的通信就像一根金线将这对兄弟的情谊串联在一起:通过与提奥不间断的书信交流,凡·高获得了理解与支持。对凡·高来说,弟弟就是漆黑隧道中唯一的光亮。

孤独之井

《**有白杨树的小路**》
Path with Poplars Near Nuenen
现收藏于荷兰鹿特丹伯伊曼斯-凡·布宁根博物馆

画作取景于凡·高父亲教堂附近的乡村风光，反映了凡·高那永恒的忧郁。画中的孤独感和距离感表达出了凡·高压抑的欲望，同时与他对家庭生活的感悟相呼应。

黑暗之路

《咬着烟斗的自画像》
Self-Portrait with Pipe
现收藏于荷兰阿姆斯特丹的凡·高博物馆

画中的凡·高正凝视着画框之外的人，眼神毫无藐视之情。他就像困在孤独之中的囚徒，似乎在寻找一个无声问题的答案。

青年狗艺术家的画像

A Portrait of the Artist as a Young Dog

　　对特立独行的天才来说，命运往往早就铭刻在了他们的相貌之上，换句话说，从天才的脸庞就可以领略他们日后的卓尔不群。文森特·凡·高也不例外，事实上他就是其中最典型的范例。有许多与凡·高同时代的人曾这样描述他的外貌：这位年轻人虽然其貌不扬，但举手投足之间散发出一种独特的气场，凡是与他接触过的人都会对他印象深刻。

　　凡·高在妹妹伊丽莎白·休伯特的眼里是这样的："他的身材与其说高大，不如说是魁梧。他总爱长时间地注视着地面，这也造成他稍微有些不幸的驼背。一头淡赭色的头发上顶着一顶草帽，遮住了那张稍显古怪的脸。尽管他还是一个年轻人，但看起来略显苍老，前额上已经布满了皱纹。他常常皱着浓密的眉头，仿佛陷入了对不可见之物的永恒沉思之中。而他那双深邃的眼睛会根据其思想的本质与深度，从绿色变成蓝色。尽管缺乏风度、年轻气盛，但他总是最引人注目的那个人——他的面容反映了他的精神深度。对他来说，兄弟姐妹都是陌生人，甚至他本人以及他的青春也都是陌生的。在成年之前，他就已经才华横溢，但他自己全然不知。"

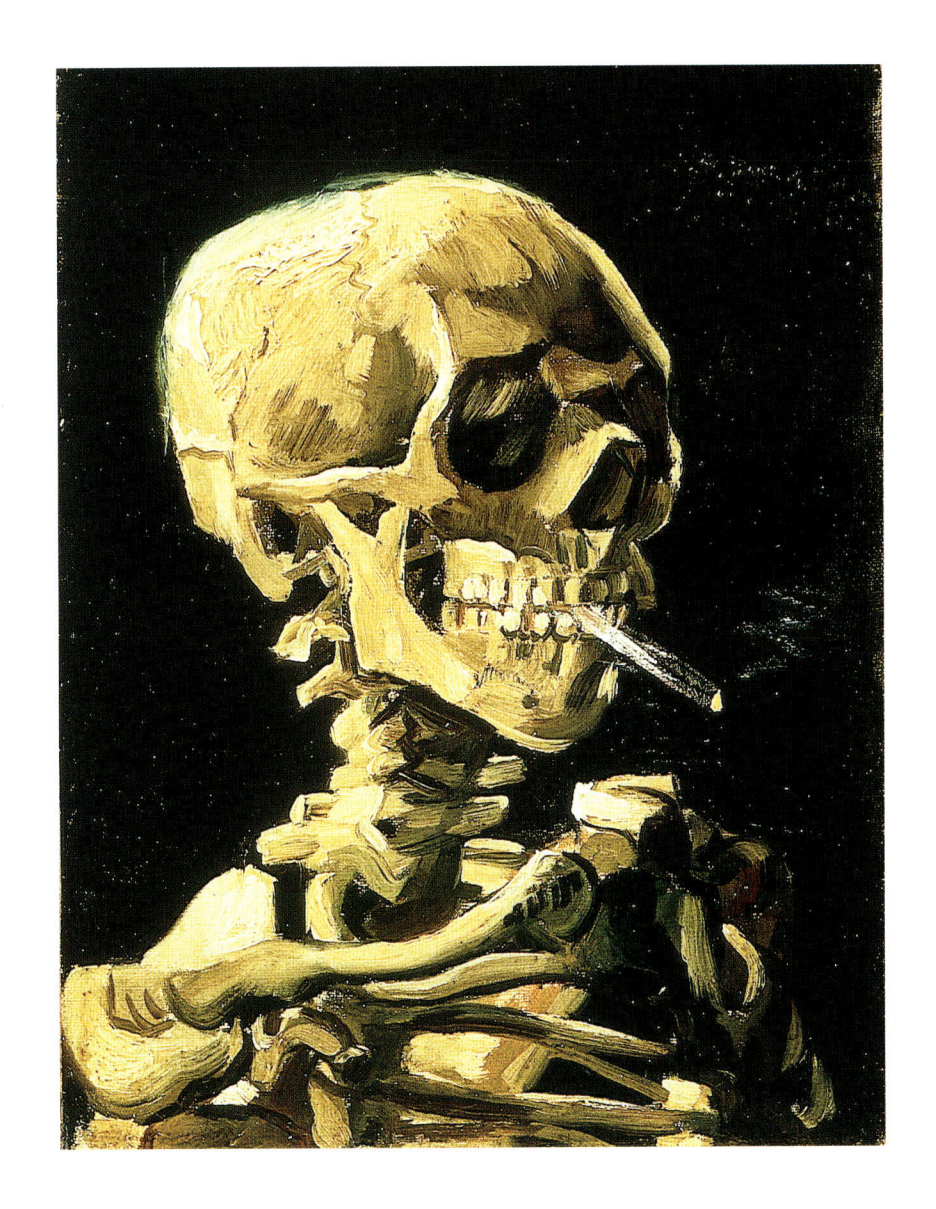

《叼着烟卷的骷髅》
Skull with Cigarette
现收藏于荷兰阿姆斯特丹的凡·高博物馆

画作充满了黑色幽默，反映了凡·高难得一见的轻松逗趣。凡·高巧妙地刻画出了骷髅的关节及体积感，而骷髅的咧嘴一笑似乎在表达艺术家对荒诞生命的不屑。

黑暗之路

《雪中纽南牧师住宅里的花园》
The Presbytery Garden at Nuenen in Winter
现收藏于美国洛杉矶阿曼德·哈默博物馆

在冬日微弱的光线下，低矮的地平线被画面中央的钟楼打破。钟楼为原本荒凉的场景增加了人性与宗教的音符。

凡·高始终关注着眼前的世界与现实，目睹了生活中最为黑暗的一面。他所踏上的道路总会指引他走近那些受苦受难的人，那些社会的受害者与放逐者，即使这些人的原则和观点与自己相左。凡·高对绝对真理的炽热追求，就像心中熊熊燃烧的大火，这火虽然反噬他的身体，但也会净化他的心灵，锻造出坚韧的决心，而他本人便是这团火最为纯净的产物。正如凡·高妹妹所观察到的："他用灵魂倾听着大自然的千百种声音。"

20世纪50年代，历史学家马克·埃多·特拉尔波特发现了一幅凡·高的肖像照，照片上的他与年轻时的法国象征派诗人亚瑟·兰波惊人得相似。当特拉尔波特把照片拿给毕加索看时，毕加索不禁感叹道："多么相似啊，尤其是那双炽热且犀利的眼睛！"。

如果凡·高喜爱对着镜子审视自己的脸庞，那么这个习惯绝对不是出于纯粹的虚荣心，而是出于对自己身份的强烈质疑。兰波那句著名的座右铭"我即他者"一直回响在凡·高的耳畔，凡·高透过镜子看到了一个不一样的自己：一种无处安放的桀骜不驯，一种耶稣临死前的圣洁。

青年狗艺术家的画像

《马车站》
The Carriage Station
加格利-海恩卢梭私人收藏，瑞士温特图尔

这幅街景耗时极短。凡·高以近乎印象派的风格描绘出了车站的氛围。

在安特卫普逗留期间，凡·高意识到自己的身体状况每况愈下，并开始创作自画像。《叼着烟卷的骷髅》便是凡·高在这一时期创作的，这也是他所有作品中最为奇特的一幅。尽管画作有着令人毛骨悚然的黑色幽默，但露齿而笑的骷髅形象更纯粹地表达了凡·高对主题本身挑衅般的嘲讽。不仅如此，骷髅阴森的神韵和病态似乎也预示着凡·高接下来一系列自画像的风格：一位未老先衰的男人以一种质疑和躁郁的目光凝视着画框之外的人。凡·高在自画像中的姿态隐含着一种对外界的叫板、一种藐视一切的态度；很快，他的作品就反映出兼具独特性与毁灭性的特质。

黑暗之路

《森林中的白衣女孩》
The Girl in the Forest
现收藏于荷兰奥特洛的库勒-姆勒博物馆

在树下伫立的年轻姑娘处于画面的远景中，表现出凡·高面对女性时的拘谨态度。

天生我才
To the Manner Born

凡·高家族中有许多成员都曾从事于艺术行业，其中就包括两位叔叔：一位是与艺术家同名的文森特·凡·高（1820年—1888年），另一位是科内利斯·马里纳斯（1824年—1908年）。在家族的熏陶下，弟弟提奥也自然而然地投身于艺术事业，并成了凡·高艺术之路上唯一的忠实信徒，长期为凡·高提供精神上的支持与经济上的资助。

1869年7月，在家人的鼓励下，年仅16岁的凡·高进入荷兰海牙的古皮尔画廊实习。古皮尔画廊是当时世界知名的国际艺术品商行，在布鲁塞尔、伦敦及巴黎均设有分部，因此凡·高有机会前往这些城市接受进一步的绘画培训。迫于家庭的要求与期望，凡·高不得不坚持这份新事业，但没过多久他就发现店员的工作完全与自身的秉性、抱负、处事方式，甚至与他的着装外表都格格不入。对凡·高来说，实习的唯一好处就是可以通过每天观赏画廊里的作品来学习艺术，他也充分利用了这一机会。在给提奥（1873年在古皮尔画廊担任管理职务）的信中，凡·高曾用很长的篇幅欣喜若狂地描绘了这段充实的学习体验。

除了在工作时间观摩古皮尔画廊的藏品，凡·高还经常会利用业余时间前往当地其他的画廊与博物馆参观。在欣赏同时代艺术家作品的过程中，凡·高的审美能力得到了极大的提升。在画廊实习时，凡·高的日常任务是将画作从储藏室搬出来，然后整齐地摆放在陈列架上。古皮尔画廊的常客大多是中产阶级，他们通常外表冷漠、心胸狭隘、追名逐利，这与凡·高怀揣着的崇高的理想主义相去甚远。因此，凡·高经常会给提奥写信抱怨。

当时的人们已经习惯了墨守成规的艺术，即使是风靡一时的画家也鲜少绘制出打破学院派现实主义风格的作品。尽管如此，凡·高还是从康斯坦·特罗容、荷兰同胞马里斯兄弟（雅各布·马里斯和威廉·马里斯），以及表妹夫安东·莫夫的画作中学到了所需的知识，并加以重塑，形成了自己的绘画手法及风格。

　　安东·莫夫是海牙画派的代表画家，也是凡·高多年的绘画导师。因此，凡·高在年少时就深受海牙画派的熏陶，培养了敏锐的艺术鉴赏力。除了海牙画派，年少的凡·高还受到了巴比松画派的影响。在凡·高实习期间，古皮尔画廊引进了一批法国画家的作品，这些画家包括有着灵动笔触的容金德（原籍荷兰）、善于处理眼部细节的狄亚兹、经验丰富的柯罗和杜比尼等，他们的作品都体现了纯粹的巴比松画派传统。

　　古皮尔画廊有着低调的奢华环境，每间富丽堂皇的展示厅均配有镶板门，房间内部装饰着古董家具及精美的艺术品。在古皮尔画廊工作的人不仅需要精湛的推销技巧，还需要一种社交天赋——坐在舒适的毛绒沙发或高背椅上，从容不迫地操练着社交礼仪，轻松地与他人谈笑风生。

黑暗之路

《海滩景色》
Beach Scene
现收藏于荷兰阿姆斯特丹的凡·高博物馆

在绘制这幅画的过程中，凡·高的创作理念更加贴近于库尔贝而非布丹。凡·高采用了扫色的笔法，表现出不同颜色之间的张力以及海洋与天空的交融。

  在很多方面，古皮尔画廊的氛围与风月场所没有太大的区别。大部分客户的脸上都写满了富人特有的自信，举手投足之间透露出玩世不恭的态度，漫不经心地穿梭于画廊与风月场所之间。这些富人一向自以为是，对拥有的特权得意洋洋，对赚取的财富沾沾自喜，但品位总是如出一辙的糟糕，不禁让人联想到莫泊桑与左拉在小说中塑造的经典角色。在富人的世界里，个人欲望是一个无法填满的无底洞，金钱完全可以决定情感的价值，财富和权力始终占据主导地位。富人将女人视作标榜成功的装饰品，用俗不可耐的珠宝和皮草来装扮她们。甚至当这些所谓的成功人士在风月场所中发泄最为隐秘的欲望时，纸醉金迷的奢侈消费也同样暴露出他们过犹不及的品位和选择。

  古皮尔画廊的墙壁包裹着一层天鹅绒材质的上乘壁毡。一幅幅画作被装裱在镀金画框里，一排排整齐地悬挂在墙壁上。这些画作最终会横跨欧洲，成为各国富人豪宅中的装饰品。

  这一风尚间接导致了每座城市千篇一律的艺术风格，可以说整个艺术圈呈现出一种一体化的发展态势，因此艺术家的声誉越来越依仗于国际知名度。印象派画家自然也不例外，他们陷入了缺乏国际知名度的困境，虽然印象派画作得到了法国杜兰德-鲁埃尔画廊等一些先锋画廊的推崇，但直到杜兰德-鲁埃尔画廊在纽约开设分部，他们的画作才真正得以崭露头角。

  古皮尔画廊虽早已声名远扬，有着完善的运营体系，但它也在逐步向现代化转型。画廊在巴黎蒙马特林荫大道成立了新画廊，凡·高的弟弟提奥被任命负责新画廊的运营工作。该新画廊旨在展出新生代画家的作品，如毕沙罗、莫奈、德加等。然而，即使位于查普塔尔街的古皮尔主画廊与这些画家的画室同处一个街区，主画廊仍对进一步推广这批新生代画作犹豫不决。

  正是在这种循规蹈矩、固守等级制度的艺术氛围中，凡·高一边熟悉着艺术市场的运作方式，一边继续从展出的画作中学习绘画技法。然而，无论是画廊中的画作质量，还是说服客户购买画作的任务，都与凡·高年轻气盛的理想和抱负大相径庭。此外，凡·高的脾气反复无常、与人交谈时总是直言不讳，再加上从来不懂得妥协，这些都预示着他在古皮尔的事业——就像其他事业一样——从一开始就注定着失败。

天生我才

后来，凡·高于 1873 年 1 月从海牙被调离到布鲁塞尔，同年 6 月被派往伦敦。1874 年 10 月被改派至巴黎，紧接着辗转回到伦敦，最后于 1875 年 5 月重返巴黎。凡·高在工作中缺少圆滑的交际手腕，经常公开批评画廊对艺术家的选择，因此他很快就失去了商行的青睐。但是他没有默默等待画廊的解雇，而是主动在 1876 年 4 月 1 日提交了辞呈。

　　这标志着凡·高放弃了父母曾对他寄予厚望的职业生涯，也标志着他与家庭传统和纽带的割裂。尽管如此，在古皮尔画廊的这段经历还是让凡·高看清了一些人和事，使他更加了解那些画廊常客、鉴赏家及批评家的本质。更重要的是，凡·高明白了一个道理：一位艺术家只有得到这些人的赏识，才可能获得成功。但与此同时，凡·高仍然对之后的命运一无所知。他只知道，这次回到父母的身边无论是对自己还是整个家族来说，都是一次惨重的失败。凡·高不可避免地跌进了自己亲手修建的地狱之中，踏出了漫长的挫败之路的第一步。

黑暗之路

《戴着帽子的农民》
Peasant with Cap
现收藏于比利时布鲁塞尔皇家美术博物馆

凡·高经常会选择平民百姓作为绘画对象，以一种写实与人文的全新视角展现他们的形象。

堕入地狱

The Descent to Hell

19世纪，"永恒的诅咒"这一观念深深扎根于民众的想象之中。当时，整个社会都推崇着美德，强制推行了一系列正统却又狭隘的行为准则，敦促民众走上向往美德的道路。因此，对那些离经叛道的人来说，"永恒的诅咒"成了一种威胁，一旦偏离这条道路，你就将被诅咒惩戒，坠入无底的火坑，永世不得脱身。一代又一代的文学家和艺术家不断丰富着关于火坑的描述，添加细腻而又可怕的细节，揭示它的恐怖。

然而，在神话和传说中，坠入地狱意味着一种神圣的入会仪式，或者一种为崇高理想献身的英雄主义行为。俄耳甫斯为了爱情选择坠入地狱，他进入地狱寻找欧里狄克，试图将爱人带回人间。

对凡·高这样的人来说，人间即是地狱。他对英雄主义有着自己的定义，即拥有一个富有同情心的灵魂，完成自我的救赎，并拯救更多身陷苦难与不公的人。

凡·高在比利时博里纳日煤矿区的经历揭示了客观现实和诗意想象之间惊人的相似性。他实地体验了煤矿里的黑暗世界，并将其描绘为一个昏暗的、但丁式的宇宙：

《农场》
The Small Holdings
现收藏于荷兰阿姆斯特丹的凡·高博物馆

低沉的地平线与昏暗的田野几乎融为一体，田野上是一栋栋破旧的农舍。整幅画呈现出一种哀伤的氛围，似乎在诉说着农民的悲惨生活。

"我们潜入地下 700 米的地方，探索这个地下世界的最深处。矿井有五层，头三层的煤早已被开采得一干二净。如果有人能够绘制出这条矿井通道，那将呈现给世人匪夷所思、耳目一新的画面。试想一下，在一条低矮狭窄的走廊里，沉重的木梁支撑着一排小隔间。每个隔间里都有一名矿工。矿工穿着和烟囱清洁工一样肮脏不堪的粗布工作服，借着微弱的灯光和工具挖煤。在一些地方，矿工们可以直立工作；在另一些地方，由于煤层很低，他们必须俯身工作。这些隔间杂乱无章，就像一个大蜂窝或地下监狱，甚至有一种进入坟墓内部的感觉。水从每面墙的缝隙中渗透出来，灯光打在墙壁上，形成了一种怪异的反射，给你一种置身于钟乳石溶洞的错觉。一些矿工负责把煤从煤层中分离出来；一些矿工负责将煤装载到货车上，然后将货车推上铁轨；还有一些矿工负责加固那些年久失修的通道，以防倒塌事故的发生，有时他们还需要挖掘新的通道。其中一些矿工还只是孩子，有小男孩，也有小女孩。在地下 700 米深的地方，我看到了一个马厩和七匹老马。这些马匹负责将货车从下货的铁轨处拖回矿坑。"

黑暗之路

《农舍》
The Cottage
现收藏于荷兰阿姆斯特丹的凡·高博物馆

在这幅乡村风景画中，没有一丝理想主义的痕迹，因为凡·高试图在这幅画中描绘出令人绝望的悲惨景象。作为一位艺术家，他的目标是宣扬真理；在这种近乎宗教的探索中，画架成了他的布道坛。

　　凡·高对生存的探索总是伴随着苦楚与折磨，愈演愈烈的禁欲主义不断地敦促他去寻找某种极端的体验，久而久之，他的身心都遭受了严重的损害。凡·高写道：

　　"尽管在这趟旅程中，我筋疲力尽、双脚破损，心情或多或少有些阴沉，但我并不后悔，因为我眼里都是迷人的景色。旅程是那么的艰辛，但它教会我用新的视角看待万事万物，我由此看得更加清澈明了。有一次，我被迫在田野中央的一辆废弃马车里过夜，第二天清晨，身上竟然结了一层白色的霜，这简直太煎熬了。还有一次，我惬意地在一堆木柴和干草上休息，结果一场大雨倾盆而下，把我的幸福感一扫而光。"

　　如果经历过凡·高的遭遇，大多数人很快就会自暴自弃。奇怪的是，身心上的磨难不仅让凡·高的生命焕发活力，还使他的视野变得更加清晰。与俄耳甫斯从地狱带回心爱的欧里狄克不同，凡·高带回的是一种精神的纯洁，以及存储在记忆中亲眼所见的绘画素材。

《木材拍卖会》
The Wood Auction
现收藏于荷兰阿姆斯特丹的凡·高博物馆

对凡·高来说，画面的故事性远没有其隐含的道德信息重要。这幅画描绘了木材拍卖会上形形色色的人物，体现了人物本身的特质，而艺术家既是参与者又是见证者。

黑暗之路

《自画像》
Self-Portrait
现收藏于美国哈特福特的沃兹华斯美术馆

与凡·高的其他自画像相比，这幅画中的凡·高似乎已经遁入一个自我反省、自我怀疑的世界，仿佛对自己的悲惨命运有了一些朦胧的预知。

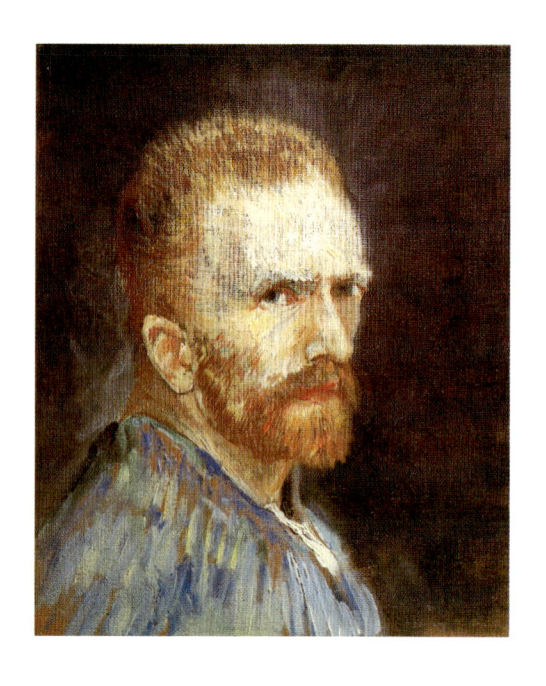

丑小鸭

The Ugly Duckling

在循规蹈矩的家族氛围中，凡·高的行为和外表显得更加匪夷所思。他对别人的建议充耳不闻，彻底成为一位漠视任何规章制度的人。

凡·高曾在信中对提奥坦白："你和许多人一样觉得我的行为古怪，我知道自己的着装风格和谈吐措辞都存在着严重的问题（而且显然没有任何解决的办法），我们兄弟关系也因此逐渐破裂（多年来的情况就是这样）。现实是，你早已在古皮尔画廊身居要职，而我只是一只迷途的黑羊。"

那些对凡·高有所了解的人虽然能够欣赏他内心深处强大的道德力量与远大的志向，但凡·高冷若冰霜、难以靠近的外表却让他们避而远之。更多的人与凡·高素昧平生或仅有一面之缘，他们只看到了凡·高肤浅的外表，无从了解他内在的正直品格，因此将凡·高视作一个不合群的人，甚至是一个反社会的人。事实上，凡·高生性善良，始终对贫苦的劳动人民怀抱着深深的悲悯和同情之心。

《自画像》
Self-Portrait
现收藏于荷兰阿姆斯特丹的凡·高博物馆

画中的凡·高仿佛来自另一个世界,他的脑海中充斥着各种各样的幻想。

黑暗之路

《自画像》
Self-Portrait
现收藏于荷兰奥特洛的库勒-姆勒博物馆

画中充满活力的笔触将凡·高的艺术热忱表现得淋漓尽致。

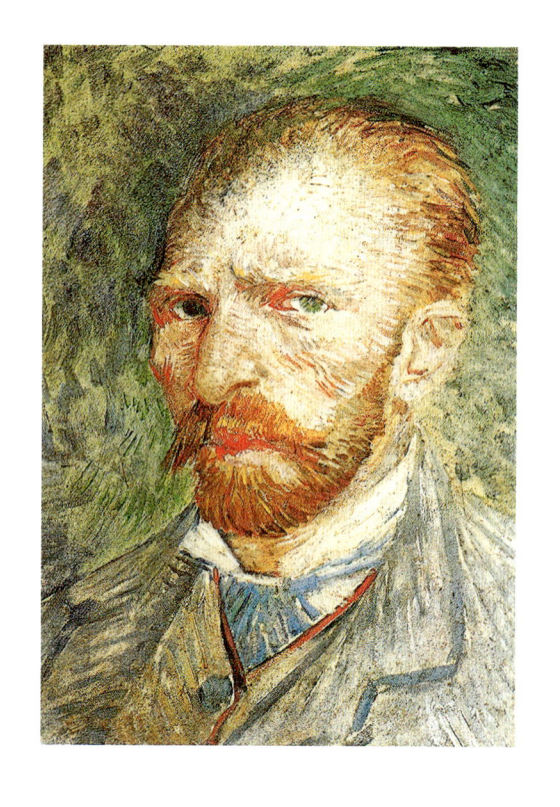

　　世人总会将凡·高的性情与亚瑟·兰波相提并论，但两者之间其实存在着一个本质上的区别：兰波试图通过那句著名的座右铭"我即他者"超越个人身份的束缚，而凡·高则试图通过认同他人的苦难来拯救他人。凡·高曾这样描述自己对人类苦难的感受："人常常会感到无能为力，就像一位困于未知牢笼的囚徒。这太可怕了，太可怕了，简直太可怕了！"

　　所有曾在凡·高年少时接触过他的人都说，凡·高是孤独且难以接近的："他是一个普普通通的红头发男孩，经常独来独往，很喜欢一个人在田野里长时间地漫步。"

丑小鸭

《自画像》
Self-Portrait
现收藏于荷兰阿姆斯特丹的凡·高博物馆

画中凡·高的眼睛紧盯着镜子，似乎表现出愿意面对现实的意愿。然而，事实上，黑夜是他唯一的朋友和避难所。

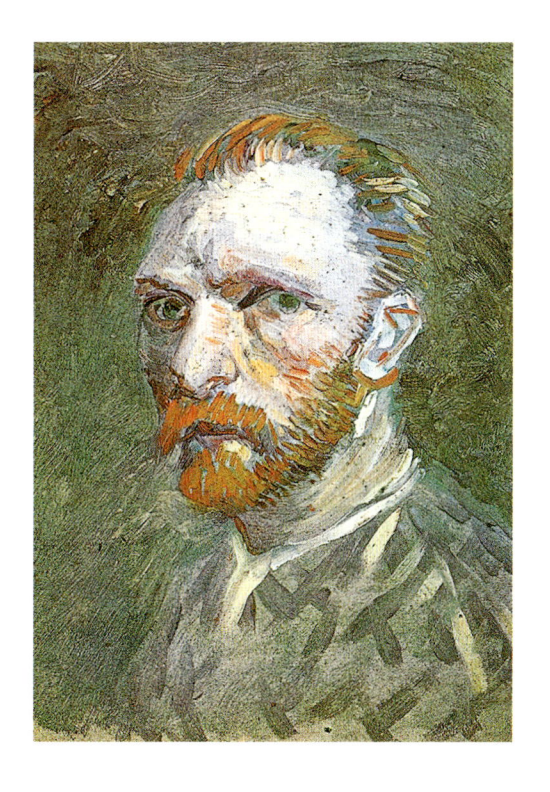

  年少的凡·高并不在意他人眼中的自己是什么样的，甚至无视内心愈演愈烈的孤独。相反，他看到了孤独中蕴含的积极一面："我知道自己有些不修边幅，但我并不在意，虽然这么说会让很多人瞠目结舌。如果说贫穷是造成我落入今天这般田地的原因，那么我深感沮丧，但也爱莫能助。我唯一能够确信的是，我需要这种孤独，它让我能够更加深入地思考自己脑海中浮现出的问题。"

黑暗之路

《自画像》
Self-Portrait
现收藏于荷兰阿姆斯特丹的凡·高博物馆

在巴黎期间,由于没有模特,凡·高只能为自己画像。他把自己描绘成一位只有太阳做伴的孤独艺术家。

凡·高唐突无礼、毫不妥协的个性及激烈的情绪时常会引起他人的恐惧,造成他的人际关系分崩离析。他很少在交际中取悦他人,而每当他这么做的时候又总是过犹不及。在表达自己的观点时,凡·高总是不善言辞,甚至会因措辞不当而无意中冒犯到别人。种种迹象似乎都表明凡·高有一种自我毁灭的倾向,这种倾向也表现在他总是放弃令人艳羡的康庄大道,而是选择铺满荆棘的崎岖小路,哪怕这些经历有可能会损害他的身心健康。

如果一个陌生人在路上遇到凡·高,一定会误以为他是一个流浪汉,并远远躲开。因为凡·高总是衣冠不整,脸上留着一撮邋遢的红胡子,表情忧愁且严肃,一副穷酸且不好相处的样子。可以说,无论在生活里还是在躁动不安的心灵上,凡·高都完全符合流浪汉的形象。

《自画像》
Self-Portrait
现收藏于荷兰阿姆斯特丹市立博物馆

帽子在这幅画中象征着一种社会地位。凡·高以一种非常规的创作方式将自己描绘成一位典型的中产阶级市民。穿着这身行头的凡·高好像即将出门拜访中产阶级的邻居。当然，这只是他不切实际的幻想。

黑暗之路

《自画像》
Self-Portrait

现收藏于荷兰阿姆斯特丹的凡·高博物馆

在提奥的引荐下,凡·高认识了许多和他一样才华横溢、但迟迟无法得到认可的艺术家。这些不得志的艺术家的陪伴稍稍缓解了凡·高的孤寂,然而凡·高自身的孤独感就像他的影子一般寸步不离,即使身着盛装也无法掩饰。

实际上,凡·高是因为执迷于帮助他人,才会对肤浅的外在漠不关心。不过,周围的人似乎对此并不领情,在他们眼中,凡·高是一个轻度精神错乱的病人,或者充其量是一个天真无邪的理想主义梦想家。即使是喜欢凡·高的人也会选择与他保持安全距离,因为凡·高的爱总是过于炙热,容易灼伤他人,使人陷入一种恐怖的不安。与传统的慈善方式不同,凡·高贯彻的利他主义过于极端。他就像一名从某个玄妙之夜的黑影中走出的使者,原本居住在一片神秘而永恒的森林中,预言家和先知、暴君和圣人、疯子和诗人都来自那里。

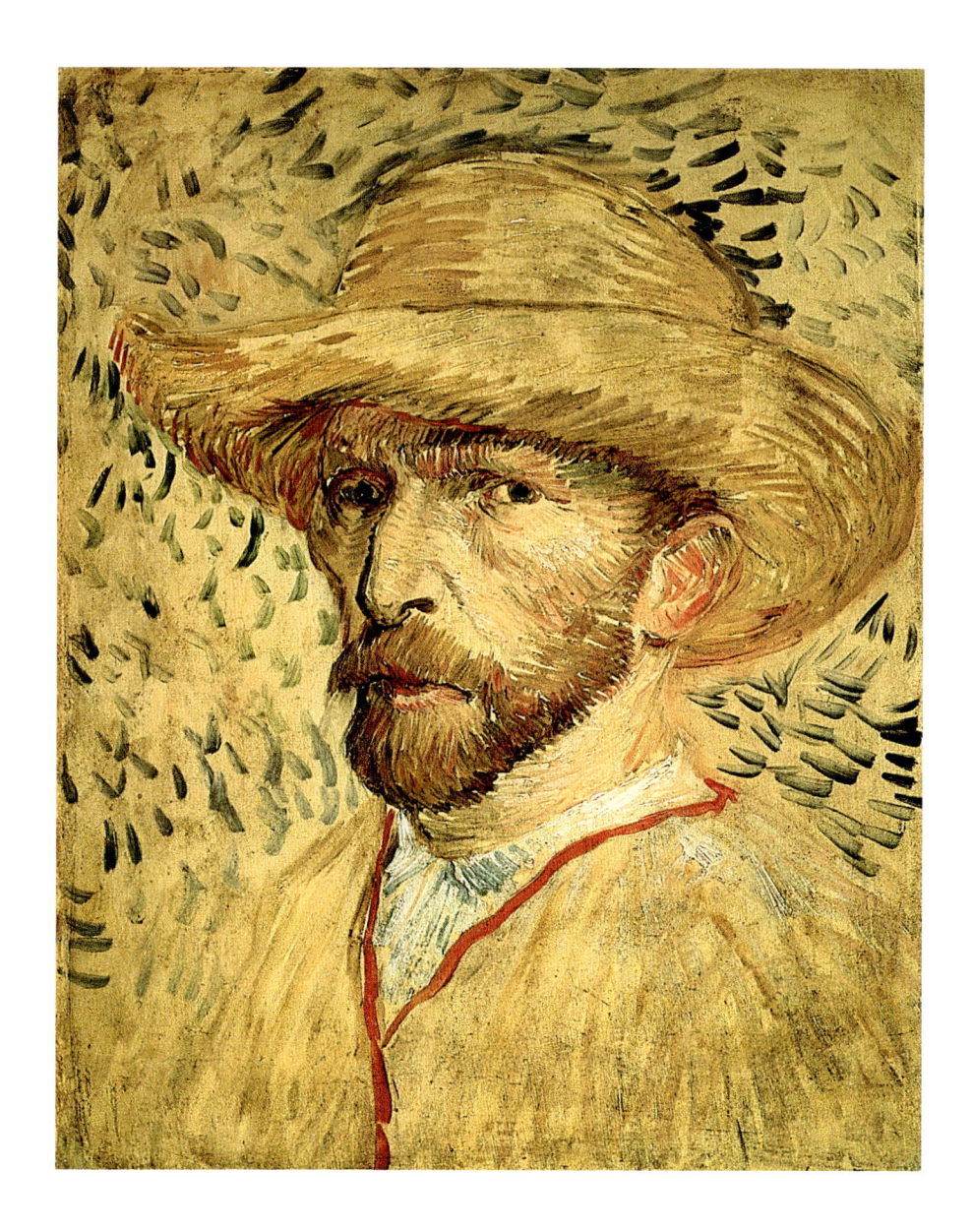

《自画像》
Self-Portrait
现收藏于荷兰阿姆斯特丹的凡·高博物馆

凡·高的这幅自画像不仅反映了自身的相貌特征,还体现了他自给自足的艺术表现方式。

黑暗之路

《翻开的圣经》
Still Life with Open Bible
现收藏于荷兰阿姆斯特丹的凡·高博物馆

阅读《圣经》是凡·高家族生活中必不可少的一部分，也是凡·高成年后渴望从事的一项事业。对凡·高来说，"圣经"这个词是无比神圣的。福音书的教诲指导着他的一言一行，并塑造了他一生的艺术。在这幅画中，除了《圣经》，凡·高还在画面的右下方画上了一本左拉的小说《生命的喜悦》，书的造型就像一座坚不可摧的纪念碑。

传道之人

A Man of His Word

"我必将成为你话语的守护者"，1877年1月—5月，凡·高曾在多德雷赫的一家书店里短暂工作。在此期间，他全神贯注地阅读《圣经》，反复琢磨福音书中的每一句话，他的生命因此获得了永恒的美丽与力量。

对凡·高来说《圣经》揭示了万事万物的真理。他不仅欣赏着《圣经》的字句，而且努力在日常生活中将其中蕴含的真理付诸实践。凡·高的求道之路可谓是跌宕起伏、痛苦不堪，因为他的每一次选择都会让自己与社会及身边的人渐行渐远。他似乎追随着施洗约翰、沙漠隐士、亚瑟·兰波等人的步伐进入了一片孤岛，孤岛中这些伟大的人物是当时许多小说的灵感来源，如法国著名作家古斯塔夫·福楼拜的小说《圣安东尼的诱惑》。

黑暗之路

《瓶子和白色的碗》
Still Life with Bottles and White Bowl
现收藏于荷兰奥特洛的库勒-姆勒博物馆

凡·高早期的许多静物画仍然延续了古老的荷兰绘画传统。

  孤独的凡·高,一个形单影只的人,却在内心深信所有人都是他的兄弟。

  在对人生的方向深思熟虑之后,凡·高做出了决定,他认为自己的使命是踏上"通往牧师的道路"。就像凡·高向提奥坦白的那样:"对我来说,唯一的选择就是成为一名教师或牧师,又或者两者的结合:传道者。我想要到工人和穷人中间去,向他们传讲《圣经》中的真理。"这的确是他从心底渴望踏上的道路。

  在比利时博里纳日煤矿区,凡·高与矿工们朝夕相处,并就此开始了自己的传道之路:"我经常会在一个宗教大厅里对着矿工们演讲。某些晚上,我也会在工人大厅里演讲。"

传道之人

与此同时，凡·高对法国历史学家和人文学者儒勒·米什莱的敬仰之情与日俱增，他很是羡慕米什莱"笔墨纸砚的写意生活"。凡·高话语中提及的纸笔等艺术工具意义非凡：这是一种预兆性的、无意识的心理暗示，仿佛他已经模模糊糊地意识到，他的命运终将引导他选择艺术作为表达自我的途径。凡·高深受《圣经》的影响，当他真正拿起艺术工具时，他便可以更好地传达自身存在的愿景。

　　那些传道的话语，现在传回耳畔，转化成一幅幅的画作，把人从尘世的痛苦和苦难中解放出来。

黑暗之路

《日用品》
Still Life with Domestic Objects
现收藏于荷兰阿姆斯特丹的凡·高博物馆

这幅画描绘的不仅是日用品，更是凡·高关于日用品的记忆。容器表面的斑驳及划痕赋予了画面别样的美感，这是时光的印迹。

传道之人

《瓷罐和木鞋》
Still Life: Earthen Pot and Clogs
现收藏于荷兰奥特洛的库勒-姆勒博物馆

这幅画不禁让人联想到法国画家夏尔丹,他毅然放弃巴黎资产阶级的舒适生活,来到艰苦的乡村,与农民为伍。

黑暗之路

《荷兰织毯花田》
Tulip Fields in Holland
现收藏于美国华盛顿国家美术馆

凡·高在这幅画中采用的绘画手法显然受到了海牙画派及荷兰绘画传统的影响。不过，深色建筑和缤纷花坛的并置，表现出凡·高已经意识到明快色彩的可塑性。尽管整体场景仍然呈现出一种传统性，但创新的火种已经埋下，一个新的篇章即将被点亮。

海牙画派
The Hague School

在尚未开始创作之前，凡·高就已经对海牙画派的艺术家了若指掌，并且非常敬仰其中一些极具代表性的艺术家，如安东·莫夫、约瑟夫·伊斯拉尔斯、吉拉尔·比尔德斯及威廉·勒洛夫斯。尽管海牙画派在选择绘画题材时仍然延续了历史悠久的荷兰绘画传统，但该画派的创作手法更加大胆、更加富有表现力。更为重要的是，这批画家描绘的不再是奇闻轶事，而是画家内心深处的感情，以及从自然中获取的灵感。

海牙画派的绘画风格与巴比松画派有些许相似，但存在一个本质的区别：荷兰画家延续了描绘场景中社会和人文背景的传统，并且特别注重日常生活和工作的细节。

海牙画派是对17世纪荷兰风景画黄金时代的延续和发展。海牙派画家的表现手法更加务实，着重强调天空和云朵的戏剧效果，不带有任何浪漫主义的阴郁痕迹。画面场景往往洋溢着生命的气息，表现出自然的力量。此外，海牙派画家还会在适当的背景下以新写实主义的手法描绘人类活动，如田园背景下民众的日常生活。

海牙派画作的基调并不忧伤，而是天真的理想主义，正如诗人埃米勒·维尔哈伦所写："一群群劳动人民汗流浃背，喘着粗气，卖力前进，紧锁的眉头标志着你们对胜利的渴望。你们有着宽阔结实的身体、粗壮有力的手臂，脚踩大地，步履匆匆，跨踏着，奋斗着。我惊叹于你们优雅

流畅的动作,你们的队伍将会铭刻在我的记忆里。我爱你们,农场工和牧马人!你们的骏马威风凛昂。我也爱你们,来自芳香森林的红胡须樵夫、来自白色村庄的粗犷老农民,你们迈着谦卑的步伐,前往珍爱的田地,将大把大把的种子撒向前方、撒向天空、撒向光明。回归大地之后,种子会迎来新生……"

维尔哈伦的诗句与凡·高的想象不谋而合,凡·高沉浸在诗的意境之中,并渴望以一种全新的艺术活力来诠释和拓展这首诗的内容。另一方面,凡·高就像是一个来自深渊的人,充满忧伤。于是,他开始与时代对抗,试图通过重塑和延续过去的绘画传统,赋予自己的荷兰本土风景画一种新的能量、新的现实主义,最终,达到一种新的意义。

为了达到这一目标,凡·高倾其所有,但却没有得到任何回报,甚至根本无人问津,这让凡·高伤心欲绝。

黑暗之路

《秋天的白杨树》
Poplars in Autumn
现收藏于荷兰阿姆斯特丹的凡·高博物馆

画中的大道穿过重重阴影，一路通向光明、家园和安宁的希望。

阴影与光明
Shadow and Light

凡·高曾写道："你知道，福音书与《圣经》本身便是一种真理，除此之外，还存在着一种人类最基本的真理——越过黑暗与阴影，我们终将抵达光明。"这句话预示着凡·高对生活和艺术的态度。1883年，凡·高离开海牙，前往德伦特省。在德伦特省期间，凡·高仿佛接受了神圣使命的激励，将上面这段话转化成了一幅幅画作。德伦特省位于荷兰东北部，是一片庄严而又凄凉的荒原。深色的低矮房屋打破了荒原的孤寂感，人的存在为荒原注入了生命和活力。这独一无二的景色令凡·高心驰神往，同时也激发了他的创作灵感。

在前往德伦特省之前，凡·高自1881年开始一直借住在表妹夫安东·莫夫位于海牙的家中，一边接受莫夫的绘画指导，一边努力发展自己的绘画风格。凡·高决心要摆脱那些他所崇拜的画家的影响，尤其是饱含人文主义精神的让-弗朗索瓦·米勒，以及大受官方推崇的朱尔·布雷东。虽然凡·高的画中仍有这些大师的痕迹，但他已经开始有意识地疏远他们。

在这一时期，凡·高不仅创作风景画，还开始绘制一些静物画。最初，他只是抱着尝试的心态，并且仍然沿袭学院派的形式主义风格。凡·高的绘画风格日益改进，但仍未打破荷兰绘画传统。这或许是考虑到了当时市场对作品的接受度，凡·高似乎希望通过遵从传统来提高自己作为艺术家的认可度。尽管凡·高的静物画（如《卷心菜、木鞋和土豆》，一幅以靴子、酒瓶、碗等日用品为主题的画作）并不出彩，但仍可凭借自身独特的价值占据一席之地。这些画作中蕴含着忧郁的情绪，但并不妨碍它们被公认为那个时代真正的艺术品。不过，对那些热衷于更精致、更复杂作品的收藏家来说，凡·高的静物画的确没有什么吸引力。

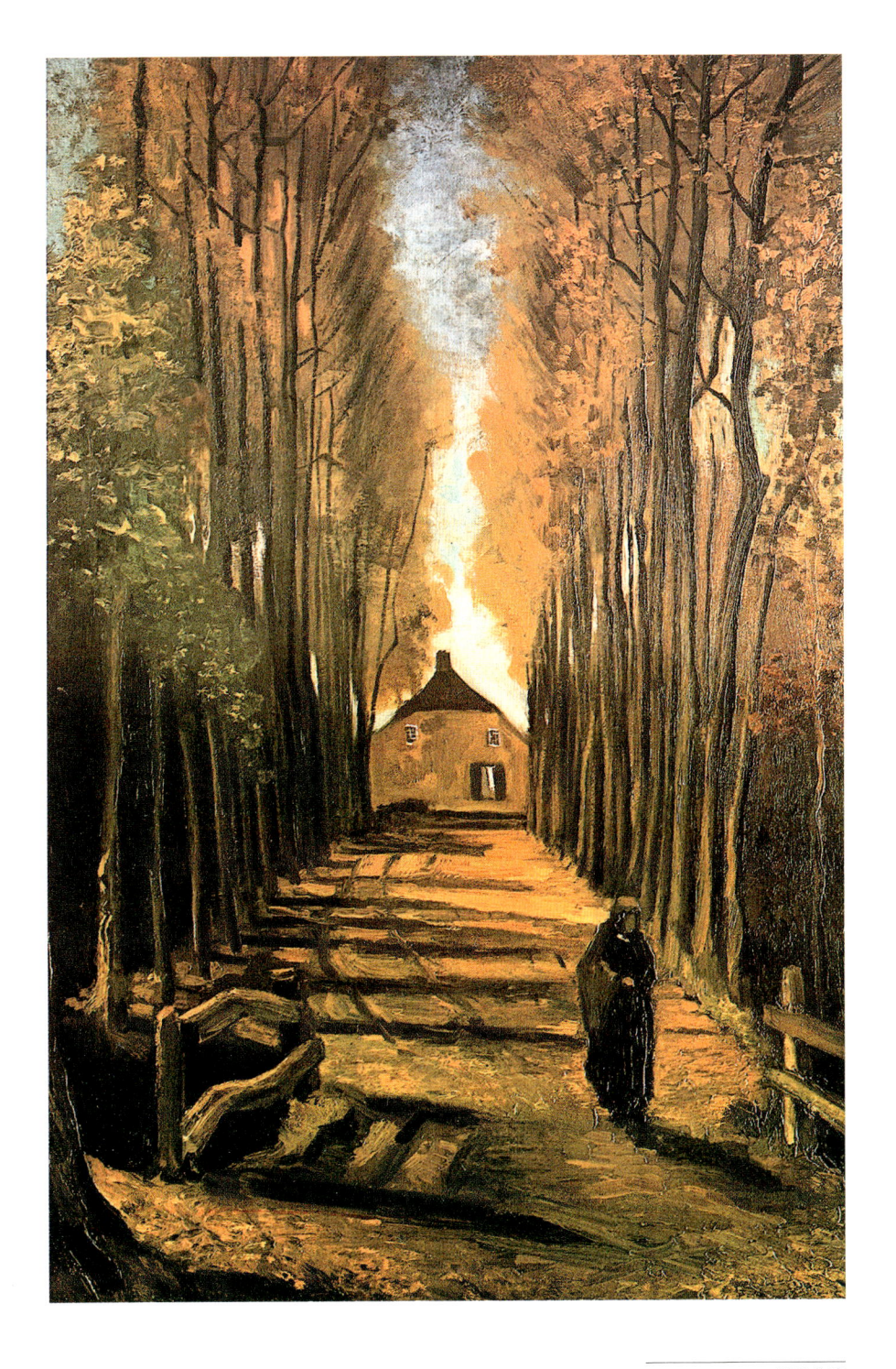

黑暗之路

《靴子》
Boots
现收藏于美国巴尔的摩艺术博物馆

画面中的靴子鞋底镶有金属钉,看起来沉重、陈旧,似乎在告诉大家靴子主人经历了漫长的徒步旅行,过着漂泊的生活。而这双靴子的主人极有可能就是凡·高本人。

  传统的静物画聚焦静物本身的特质,注重细节的描绘。艺术家们往往会耗费大量的精力用于刻画金属(铜或银)的质感、玻璃器皿的透光度、珍贵布料的色泽,以及水果、野味和肉类的美味多汁。然而,凡·高对这一绘画传统不以为然,他的静物画与其说呈现出一种弃绝感和悲怆感,不如说表现出物品本身具有的现实性,同时日常物品带来的熟悉感又再次加强了这种现实性。

  以静物画《靴子》为例,画面中的靴子软塌塌的,就像流浪汉的靴子一样又脏又破。但就是这件简单、沉默的物品传达出了一种穷困潦倒与颠沛流离之感。这种对物品的呈现方式隐含着艺术家对自己以往经历的体悟。尽管整幅画具有一种内在的忧郁感,但其蕴含的愿景仍然是对生命的积极肯定。

  在凡·高的静物画中经常会出现破损却仍在使用的物品,这一方面传达出艺术家贫苦的生活条件,另一方面表现出他强烈的生存意愿。凡·高一边探索着现实主义的表现手法,一边渴望着

阴影与光明

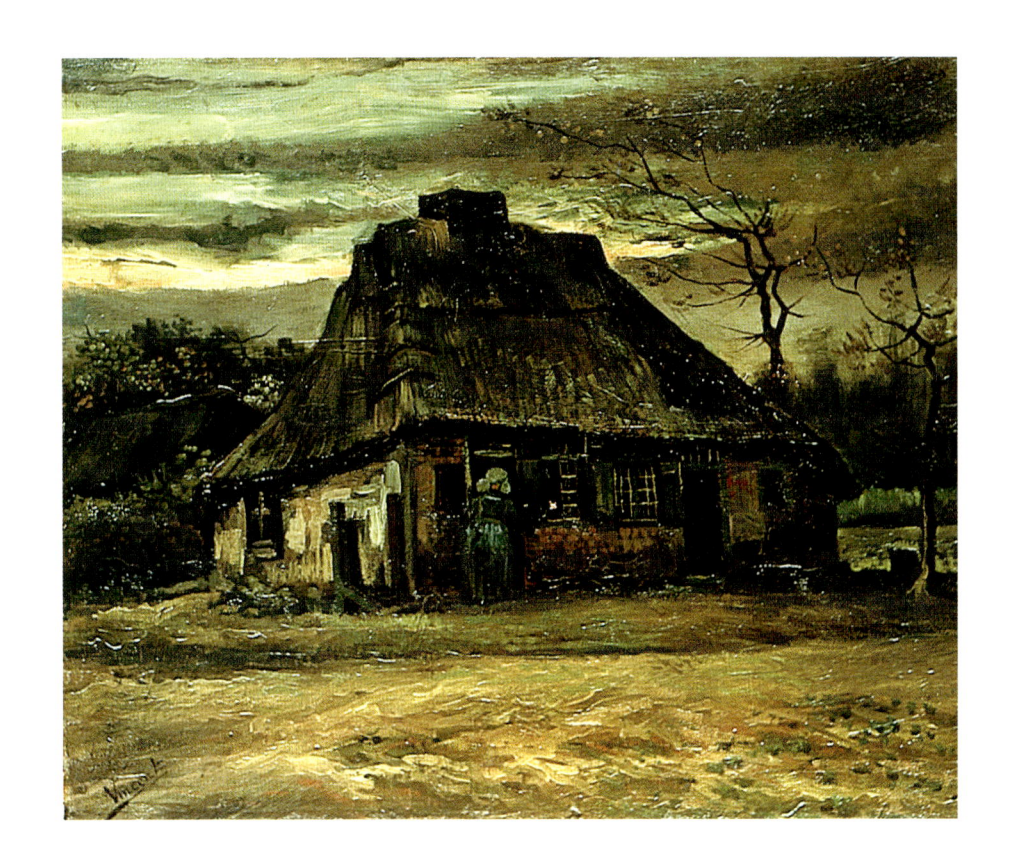

《黄昏的茅草屋》
Thatched Cottage at the Close of Day
现收藏于荷兰阿姆斯特丹的凡·高博物馆

灰暗的天空中有长条状的云朵,树木随风摇曳,一位农妇伫立在茅草屋的门前。凡·高在这幅画中娴熟地营造出一种纯粹的氛围,描绘出一种身处质朴无华的大自然环境中的孤独。

抒发内心的真理。在凡·高的画作中,日常物品似乎正与画布进行一场激烈的战斗,而这正是艺术家情感的自然流露。实际上,当时,威廉·勒洛夫斯、让·亨德里克·维西恩布鲁奇等知名画家也曾创作相似主题的画作,凡·高对此赞赏有加,但并没有延续这些画家的道路,而是赋予自己的静物画一种独特的魅力和创新的表达方式。

  在风景画中,凡·高的选材包括斯海弗宁恩海滩、渔夫、风中摇曳的树、播种的农民等,凡·高借景抒情,传达了他的热情与愿景。凡·高这一时期的作品虽缺乏成熟艺术家的格调,但却清楚地表现出他满溢的天赋及后续的发展趋势。

黑暗之路

《织布机》（又名《织布工人》）
The Loom (also known as The Weaver)
现收藏于荷兰奥特洛的库勒-姆勒博物馆

位于织布机中心位置的织布工人孤独却专注，早已与机器合二为一。他既是工业时代的主人，又是那个时代的仆人。

触手般扩展的城市

Tentacular Cities

  本章的标题"触手般扩展的城市"取自埃米勒·维尔哈伦1895年出版的诗集《原野与城市》。当时，欧洲各地正在如火如荼地展开工业化建设，城市虽然更加现代化，但也逐渐丧失了人情味。维尔哈伦面对这样的大都市，既恐惧又悲愤。百感交集之下，诗人通过诗句描绘出自己眼中危机重重的新现实——触手般扩展的城市。除了少数的富人，城市对大部分人来说变成了一个冷酷无情、环境恶劣的栖息地。随着城市中心的不断扩张，郊野村落里的欢声笑语不复存在，人们仿佛被囚禁在令人窒息的牢笼之中。

  幸运的是，势如破竹的工业化建设还没有影响到凡·高居住的小乡村。凡·高仍在快乐地工作着，但与此同时，他也隐约地对即将到来的苦难有所预感。

  凡·高坚信工作的本质是高尚的，每个人只要努力克服自身条件的束缚，就能获得充分的尊重。通过驯服大自然最为原始的力量，并且将其丰富的潜力转化为生产的动力，人类将摆脱大自然的摆布。在凡·高的理想中，无论技术变得多么现代化，人类与劳动的关系都应该根植于传统：人类借助技术的发展取得自身的进步，而不是消极地臣服于冷酷无情的机械之神。

  凡·高常会在画作中描绘辛勤忙碌的劳动人民的形象，如浩瀚天空下的播种者、地下几百米的煤矿工人及家庭作坊中的织布工人。

凡·高笔下的煤矿工人身处黑暗狭窄的地下"监狱",从扭曲的造型可以看出他们如同奴隶一般从事着繁重的工作,忍受着身体上巨大的痛苦。而凡·高笔下的织布工人似乎身处永不休止的运转中心,耳边回响着持续不断的噪音,身陷结构复杂的庞大机器之中。即便如此,织布工人的"主人"形象仍然跃然纸上,他们拥有绝对的操纵权。勤劳的织布工人不仅有着娴熟的技术,还拥有务实的态度及聪明的大脑,他们用劳动照亮了阴暗的作坊。

　　可以说,凡·高赋予了织布工人某种特殊的象征含义。以作品《织布机》为例,在幽暗的家庭小作坊中,一个织布工人坐在织布机这个庞然大物前,仿佛正在驾驶某种造型怪异的交通工具,既反映出了人类面对冰冷机器时的脆弱与孤独,又强调了织布工人对机器的控制权。

黑暗之路

《悲伤》
Sorrow
现收藏于荷兰阿姆斯特丹的凡·高博物馆

在凡·高的作品中，女性的身体从未以愉悦的形象出现，而是常作为表现女性社会地位现状的媒介。这幅画中的模特是与凡·高同居的妓女西恩（全名为卡什娜·玛丽亚·胡尔尼克）。凡·高运用一种悲悯和同情的笔触描绘出西恩的不幸。

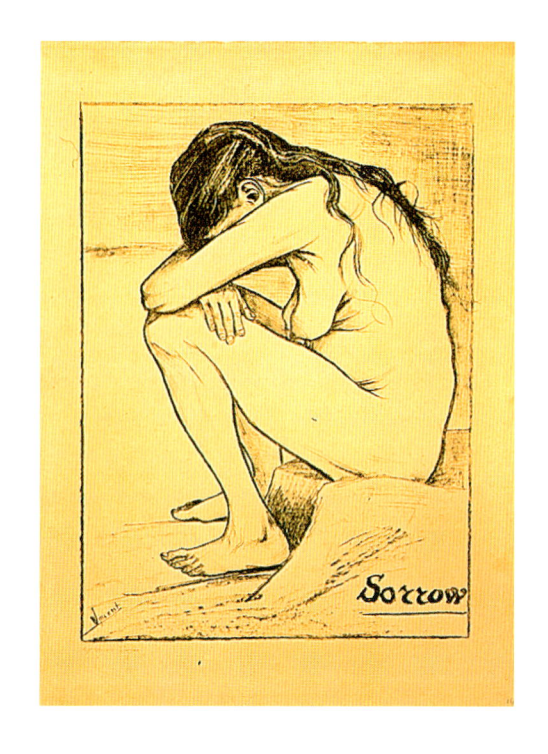

悲伤经历

Sorrow's Sister

"在大多数人的眼里，我是什么？一个无名小卒，一个怪胎，一个永远一事无成的失败者。总之，比什么都不是还不如。"

对与凡·高相识的人而言，这的确是他们发自内心的评价。他们眼中的凡·高有着坚定不移的决心，甚至可以为了自己的抱负与理想，不惜牺牲个人的一切；不幸的是，凡·高总是在生活中做出最错误的选择，因而他不得不承受随之而来的悲惨后果。

在成为牧师和福音传道者的道路上，慷慨的利他主义精神始终敦促着凡·高帮助比他更悲惨的人。凡·高上级却认为他的所作所为不合时宜，很快就将他赶出了自己的圈子。不过，凡·高的热情并没有因此得到抑制，他转而决定将这股热情投入艺术创作中。这一决定意味着一段漫长而艰难的学徒生涯，即使成才可能遥遥无期，他也准备好承受任何结果。凡·高坚信自己会有所收获，因为他相信艺术与慈善事业殊途同归，既能丰富自身的精神，也能提供维持生计所需的报酬。

《抽烟的西恩》
Sien Smoking a Cigar
现收藏于荷兰奥特洛的库勒-姆勒博物馆

这幅画采用一个略显亲昵的视角,其中隐含着一种无声的谴责,谴责社会对底层人民的冷漠无情。当时怀有身孕的西恩仍在吸烟酗酒,身体状况十分糟糕。然而凡·高却接纳了她,为她提供了一个远离市井的避难所。此事引起了巨大的争议,迫于社会压力,凡·高不久便离西恩而去。

黑暗之路

《窗外的施恩韦格》
Behind the Schenkweg
现收藏于荷兰奥特洛的库勒-姆勒博物馆

这幅画展现了海牙画室后窗外的景色。凡·高采用全景式构图，描绘出各式各样的建筑造型与人类活动，并刻画出精确的细节。

　　然而，艺术界出乎意料的残酷，对艺术家来说一夜成功只是一种美好的愿望。多亏了弟弟提奥提供的虽然有限却至关重要的经济援助，凡·高才得以继续坚定地走在他所选择的道路上。

　　凡·高有着异于常人的艺术感知力，但显而易见的是，他缺乏与生俱来的艺术天赋及行云流水的艺术灵感。不过，凡·高在后天努力打磨自身的绘画技艺，并听从内心的激情，描绘自己对现实的看法，这在某种程度上弥补了他的不足。

　　然而，凡·高的努力却遭到一些人的质疑，他们指责依靠弟弟资助的凡·高毫无道德，就像是一只寄生虫。与此同时，凡·高拒绝过"正常"的工作与家庭生活，也招来人们的非议，大家都认为他是一个反复无常的怪胎，或是一个具有潜在威胁的离群之人。

　　由于凡·高完全依赖于弟弟提奥的行为彻底违背了一些人心中的操守，就连平时一向很支持凡·高的表妹夫安东·莫夫，以及古皮尔画廊的主管斯蒂格都公开反对提奥的经济资助。他们一连串尖刻的评论和严厉的评判很快导致提奥与古皮尔画廊的工作关系变得紧张起来。

悲伤经历

这种情况让凡·高感到无比痛苦及内疚。一方面，凡·高担心弟弟会像自己一样受到排挤；另一方面，自己能否继续艺术生涯完全取决于弟弟的支持，如果弟弟迫于舆论压力做出改变，放弃了对他的资助，那么凡·高也别无选择，只能结束对艺术的追求。

　　与此同时，西恩出现在了凡·高的生命中。两人的相遇相知，进一步将凡·高推到了舆论的风口浪尖，人们纷纷批评他蔑伦悖理的生活。

黑暗之路

《女工》
Working Girl
现收藏于荷兰阿姆斯特丹的凡·高博物馆

> 受到鲁本斯的启发，凡·高开始在画作中尝试更多更加鲜艳的颜色。在这幅画中，凡·高急促有力的笔触与安静的少女形成了强烈的反差。这幅肖像画是一次对真实性与色彩张力的探究。

　　西恩是一个妓女，当时还怀着另一个男人的孩子，但仍然酗酒成性，常常食不果腹。在凡·高的画作中，西恩象征着人生的苦难，如《抽烟的西恩》《悲伤》（两幅画均于1882年4月被销毁）。在作品《悲伤》中，凡·高描绘了西恩的倦怠时刻。西恩无言的绝望同样折射出凡·高自身的境遇，很可能也反映了凡·高面临的道德困境：他不仅计划收留这个不幸的女人，还决定娶她为妻。

　　凡·高透过画作描绘出了西恩在身心上的巨大痛苦，这不禁让人联想到《圣经》中的约伯。约伯是一个非常正直、热衷慈善事业、对神充满敬意的人，与西恩一样，约伯默默承受着种种灾祸和苦难。这似乎也揭示了凡·高潜在的自我毁灭倾向，他总是将自己卷入绝望的境地，并以此激发自身的创造力。

悲伤经历

黑暗之路

《纽南的教堂》
The Chapel in Nuenen
现收藏于荷兰阿姆斯特丹的凡·高博物馆

凡·高从小就住在牧师住宅中,因此无论是从地理层面,还是从精神层面,凡·高的整个家庭都生活在教堂的笼罩下。

家庭生活

Family Life

凡·高的家庭以牧师父亲特奥多鲁斯为核心,生活略显单调、缺乏乐趣。父亲为人楷模,有着崇高的理想,愿意向穷困之人伸出援助之手,因此他理所应当地认为,自己有权利要求别人也必须具有同样的品质。然而,随着时间的推移,在教会上级的反复告诫下,父亲压抑了自己过度无私的利他主义精神,他不再身体力行地实践慈善事业,转而开始举行慈善宣讲。

然而,此时凡·高内心深处的同情心早已被父亲点燃,他继承了父亲过度无私的利他主义精神,并将这种精神发扬光大。这一点令凡·高家人无法接受,使凡·高与家人的关系愈发恶劣。此外,凡·高一直对资产阶级推崇的体面不以为然,并一而再再而三地挑战这一底线,因此他被逐出了家门。

母亲安娜则对凡·高比较宽容。她成长于一个典型的中产阶级家庭,在散文和水彩画方面有一定的天赋。实际上,凡·高源源不断的创作激情不仅源自母亲的艺术细胞,还可以追溯到更久远的家族(特别是母亲的家族)背景。

凡·高的家族与艺术有着不解之缘。他的很多叔叔阿姨都对艺术有所涉猎,如约翰娜·威廉敏娜(1812年—1883年)、昂·亨德里克·文森特(1814年—1877年)、多萝西娅·玛丽亚(1815年—1882年)、约翰尼斯(1817年—1885年)、威廉·丹尼尔(1818年—1872年)、文森特(1820年—1882年)、伊丽莎白·休伯塔(1823年—1895年)、科内利斯·马里纳斯(1824年—1908年)、赫特雷达·约翰娜(1826年—1891年)、玛利亚·约翰娜(1831年—1911年)。

黑暗之路

《纽南墓地的钟楼》
Bell-Tower in Nuenen Cemetery
现收藏于荷兰阿姆斯特丹的凡·高博物馆

　　凡·高有三个妹妹和两个弟弟，分别是安娜·科妮莉亚（1855年—1930年）、伊丽莎白·休伯塔（1859年—1936年）、威廉敏娜·雅蔻芭（1862年—1941年）、科内利斯·文森特（1867年—1900年）及提奥多鲁斯（1857年—1891年）。提奥多鲁斯更为人熟知的名字便是提奥，他对凡·高至关重要。在凡·高被逐出家门的漫长岁月中，正是提奥为哥哥提供了最忠诚、最持久的援助。

　　凡·高特立独行的性格使他逐渐变成家族中的陌生人。在这个家族中，孩子们从小就接受父亲的严格管教，以及一众叔叔阿姨的言传身教，一个个俨然都是懂事的小大人，而凡·高绝对是所有兄弟姐妹中最任性的那个孩子，因此他注定无法融入这个大家族。在凡·高一次又一次地拒绝家人的接纳之后，他不可避免地成为整个家族的众矢之的：首先迎面而来的是不绝于耳的批评，接着是质疑，最终是拒绝与排斥。

　　逐渐远离家族的管辖后，凡·高终于有机会寻觅自己的空间，在人生的悲剧与艺术的辉煌中充分张扬自身的个性与创造力。

家庭生活

凡·高从小就有些孤僻、叛逆，不爱和家人待在一起，反而喜爱独自在田野里漫步。对他而言，深入田野不只是消耗过剩精力的一种方式，更是一种对大自然的热情探索。孩童时期的凡·高无比痴迷于动植物的世界，兴奋地观察着大自然的细枝末节。在对这些平凡景象的细致观察中，凡·高欣赏到了大自然的变化之美，发现了其中蕴藏的巨大能量。曾经埋在土里的渺小谷粒长成了波澜起伏的麦田。大自然为儿时的凡·高提供了无数未解之谜，也为他提供了想象的空间。

黑暗之路

《亨讷普的水磨》
The Water-Mill at Gennep
现收藏于荷兰海牙国家艺术馆

  作为一个有着艺术商业传统的家庭中的一员，凡·高顺其自然地进入古皮尔画廊，然而仅仅几年后他就选择辞职；之后成为福音传教士的梦想也遭遇了滑铁卢；最后，就连亲戚介绍的书店（多德雷赫特书店）职员的工作也以解雇告终。接二连三的失败使凡·高的父母失望不已。

  1869 年，凡·高在海牙的古皮尔画廊开始了第一份正式的工作。在随后的几年里，凡·高不停地穿梭于荷兰、英国、法国和比利时的各个城市。与此同时，他也在不顾一切地探索着属于自己真正的人生使命。

  1877 年，凡·高决定走上宗教的道路，这一选择意味着他必须接受正统的神学培训，并要求他具备自律好学的品性。在接下来的两年间，凡·高一直辗转于荷兰和比利时的各种学校与宗教机构，但由于无法接受种种强加的限制，他成了众多讲师的眼中钉，因此未能获得正式任命。几经周折，1879 年 1 月，凡·高终于被派往比利时的博里纳日地区进行为期六个月的临时传教任务。然而，凡·高的过分热忱再一次让他的上司无法忍受，他最终未能通过试用期的考察。

家庭生活

同一时期，凡·高的父亲被先后派遣到津德尔特、埃顿工作，最后在 1882 年落户到纽南的一个小村庄中。这两年，在弟弟提奥的资助下，凡·高得以潜心钻研绘画，却并没有什么实际的收获。1883 年 12 月，凡·高不得不回到父亲身边，此时的他早已精疲力竭、身无分文、流离失所。次年秋天，凡·高再次离开了父母家。1884 年的家庭聚会成了整个家族的最后一次团聚，不久后的 1885 年 3 月，凡·高的父亲永远地离开了这个世界。

黑暗之路

《麦垛》
Wheat Sheaves
现收藏于荷兰奥特洛的库勒-姆勒博物馆

这幅画体现了凡·高对米勒的创作理念的高度认同。凡·高通过高度个人化的视角和表现方式，描绘出了充满典型细节的农村生活景象。

大地

The Good Earth

I

  1885年4月至5月，凡·高创作出《吃土豆的人》，终于迎来了自己艺术生涯的第一个高峰。多年来，凡·高一直耐心地学习和打磨自己的绘画技艺，经历了一系列的痛苦、羞辱和质疑。这幅画可以说是凡·高沉淀许久之后的爆发，充分展现了他在德伦特省荒原流浪期间吸收的一切。

  凡·高又一次回到了纽南，回到了家人的身边，一种灰心丧气的情绪在胸膛里回荡。但家庭给予他的只是再一次的施舍，而不是他迫切需要的爱与理解。凡·高曾这样描述自己的家人："他们虽然无比善良，但对我半推半就的接纳方式让我感到难过。他们意识不到这种方式的错误甚至比错误本身更加严重。回到他们的身边后，我没有感受到家庭的自在与温馨。他们并没有真正地接纳我，这让我心如死灰，就像有一块沉重的铁块压在我的心头，我失去了生机和活力……生活在这样的家庭里对我来说是可怕的，而且这种恐惧似乎看不见尽头。"

大地

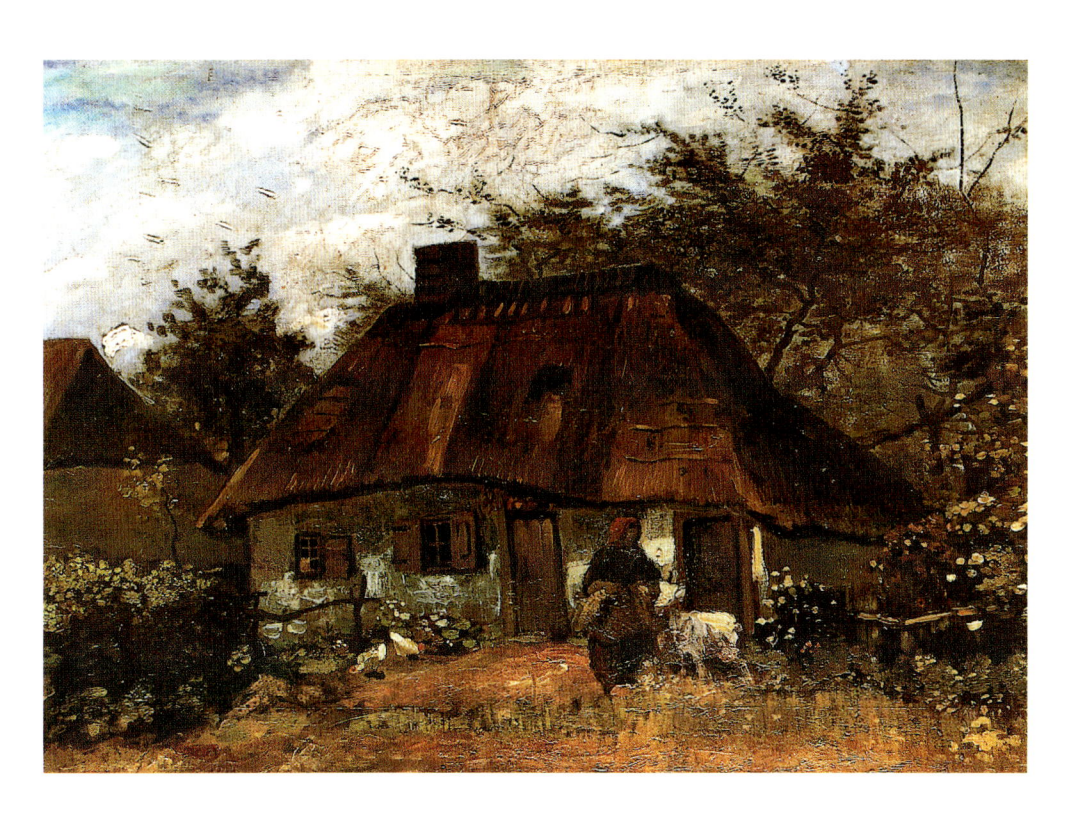

《山羊和农妇的农舍》
Cottage with Peasant Woman and Goat
现收藏于德国法兰克福施塔德尔美术馆

这幅画中的每一个元素都凸显了一种沉重而忧郁的氛围。

在另一方面,虽然凡·高早已离开西恩,摆脱了他们作为命运共同体的痛苦,但他仍然深深懊悔,自责没能把西恩从不幸的泥潭中解救出来。凡·高在纽南得到了与教会住宅相邻的一间小画室,街坊邻居对他既怜悯又同情。但他很快就离开画室,搬进了当地天主教教堂的司事住宅。

此前,凡·高一直过着颠沛流离的生活,因此留下来的个人物品并不多,但其中不乏一些肖像画与风景画,记录了他那些贫困、孤独以及与爱人分别的岁月。

黑暗之路

《灶旁的农妇》
Peasant Woman and Hearth
现收藏于法国巴黎奥赛美术馆

凡·高自身的境遇拉近了他与农民之间的距离，同时，与农民生活的密切接触又强烈地影响着凡·高的创作。他在描绘农民的苦难时，没有一丝屈尊就卑，更没有虚伪的多愁善感。

　　透过这些画作，我们可以看出凡·高已经有了明显的进步：他的笔法更自由、更有力、更富自信。而且尽管这些作品大多采用阴郁的色调，但仍然能够看出他对色彩的表现也越来越得心应手。

　　凡·高取得的进步源自他的刻苦练习。《吃土豆的人》不是天才灵光一现的即兴创作，而是持之以恒的学习结果。这幅画在未上色之前就已经是一幅出色的线稿了，画面充盈着活力与情感。凡·高曾这样解读这幅画："我想在画中呈现出一个与文明社会完全不同的世界……这些卑微的农民正在昏暗的灯光下吃着盘子里的土豆。他们报酬微薄，勉强维持着生计。在创作这幅画时，我想到了一句对米勒的准确评价：'他笔下的农民看起来好像是用他们耕种的土地描绘的。'"

《吃土豆的人》
With the Potato Eaters
现收藏于荷兰阿姆斯特丹的凡·高博物馆

这幅作品代表了凡·高与德伦特省农民亲密接触的全部体验。凡·高零距离地展现了农民们的日常生活场景，营造出一种庄严的氛围，仿佛在描绘几位神父主持某种神秘仪式的场景。

　　凡·高的这段话意义重大，它似乎预告了凡·高在法国南部最后的辉煌。凡·高在米迪灿烂的阳光下所创作的风景画反映出一种自我燃烧的炽热状态，画中充满了绝对的光明，这与《吃土豆的人》中昏暗的环境形成了鲜明的对比。凡·高的生活与艺术都是如此的两极化，在一番僵持和挣扎之后，平衡会被打破，一种强劲的张力孕育而生，就像在死亡中诞生的新生命。

　　凡·高的这一态度表露出某种普罗米修斯式的英雄特质。

黑暗之路

《蒙马特的风景》
View of Montmartre
现收藏于荷兰阿姆斯特丹的凡·高博物馆

在凡·高的时代，蒙马特仍是一个宁静的山顶村庄，村庄里有着一个个花园，小路旁绿树成荫。

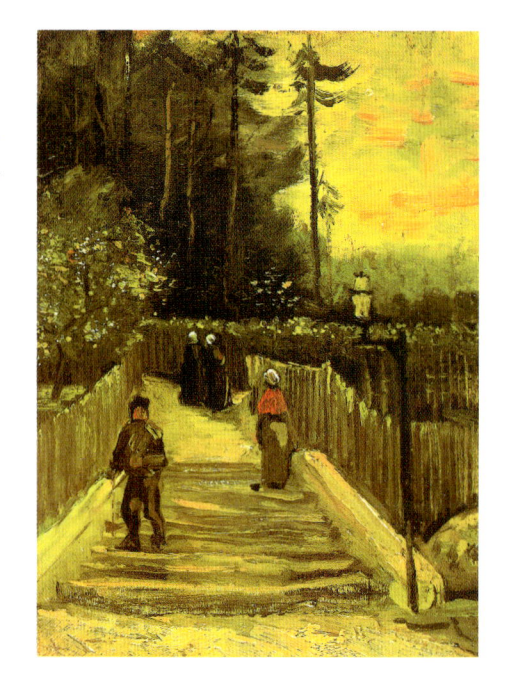

左拉的世界观

The Universe of Zola

"左拉的小说非常优美，尤其是《小酒店》最令人动容。"尽管凡·高经常会在给提奥的信中热情洋溢地谈论这位著名的法国作家，但左拉的世界观对他来说仍然是一片盲区。

凡·高的世界观是极其支离破碎的：他出生在一个受人尊敬的中产阶级家庭，却主动选择与在社会上最没有权势的人群生活在一起。在与社会底层人民的朝夕相处中，凡·高更加清晰地认识到他们的存在。生活在痛苦与黑暗之中的凡·高既懵懂无知，又缺乏人生历练。他将用一生的时间开阔自己的眼界，只有到那时，他才能在疯狂的边缘航行，成为光明的先知。

或许正因为如此，凡·高深深地被左拉这位批判现实主义作家吸引了，他不仅欣赏左拉的才华，更加敬仰左拉揭示社会黑幕的能力，左拉能够用寥寥几句话就写出社会各阶层人物的生活及个性。

和生活中一样，凡·高在艺术中探索了社会中最微不足道、最习以为常的一面。他仔细观察着眼前的万事万物，用最简单的象征符号来表现这个世界，并将自身的激情渗入绘画对象之中，使对象产生强烈的共鸣，直至它完全分崩离析，进而呈现出真正的本质。

《自画像》
Self-Portrait
现收藏于荷兰海牙市立博物馆

这幅画体现了凡·高与自身形象的冷酷对峙。

黑暗之路

《咖啡馆》
The Guinguette
现收藏于法国巴黎奥赛美术馆

作为一个遭受孤独之苦的人，凡·高经常出没于咖啡馆，以观赏戏剧的方式来观摩那些经常光顾咖啡馆的人，捕捉他们不幸的生活细节。

  人类苦难只是左拉文学世界中的一部分，左拉不满足于记录生活的表象，而是渴望深入揭示人类社会的现实。相对来说，凡·高的观点则更加微观，他致力于探寻生活的内在本质，并且身体力行地将全部的精力投入生活本身。因此凡·高的命运和艺术魅力都在于揭示对象的内在奥秘。

  凡·高还只是一个涉世不深的年轻人，仍在了解和探索周围的世界。作为后辈，凡·高十分欣赏左拉。当时左拉已经小有成就，他是梅塘集团的核心人物，该文学团体的成员还有龚古尔兄弟、亨利·塞特及大名鼎鼎的若利斯·卡尔·于斯曼等青年作家。然而，无论是初出茅庐的画家，还是名声显赫的作家，两者都有一个共同的目标，那就是成功地完成对现实主义的美学表达，这不禁让人联想到法国现实主义画家库贝尔。

  凡·高自然而然地被现实主义的新浪潮吸引。然而，彼时学院派仍然是社会的主流，为社会提供一种舒适的幻觉，在这种情况下，现实主义显然无法被大众接受。拥有强大实权的权势集团（如政府及教会）建起了难以逾越的壁垒，反对一切不符合既定惯例的新事物。像库尔贝这样的现实主义画家成了众矢之的，他们只因在作品里透露出"无产阶级"的愿景，便惨遭资产阶级社会的彻底封杀。

左拉的世界观

如果说现实主义已经打开了现实世界的一个缺口，并且逐步在艺术中为现实世界的再现创造了一个位置，那么凡·高就像《圣经》中得归正道的渔夫，早已扎根于现实主义。凡·高内心毫不妥协的精神注定会促使他在画作中揭示现实的本真面目，他的画作充满了对苦难者的同情与尊重，甚至会赋予苦难者一种不可思议的高贵感。与凡·高相比，左拉对现实的描述更显老练，他以否定的态度揭露社会的弊端及堕落，却因获得世俗意义上的成功而被世人诟病。

黑暗之路

《柠檬和蓝色手套》
Lemons and Blue Gloves
现收藏于梅隆家族

在凡·高的作品中，即使是最微不足道的物品也被赋予一种个人意义。此外，这些物品总会带有一些岁月流逝的痕迹，散发出一种无可避免的消亡感。

沉默的礼物

The Gift of Silence

在荷兰的乡村，远处的地平线与低矮沉重的天空融为一体，每座房屋都像是一座堡垒，保护它的居民免受自然的侵袭。

这片土地上的人们常会被贴上沉默的标签，但这绝不代表着冷漠，而是一个厚积薄发的过程。人们会将积累的精神和能量投注于探索和冒险之中，因为荷兰长期以来一直是培育航海家的摇篮。

许多诗人都渴望扬帆远航，前往那些具有异国情调的港口，寻找创作灵感。然而，凡·高并没有这样的愿景，因为他的心中不仅有一片汹涌澎湃的海洋，还有一个浩瀚无垠的宇宙，而宇宙中的星星就像一队队在天空中航行的船只。凡·高的志向比那些梦想征服海洋的人更为宏伟，因为他要探索的是生活本身。

在《圣经》的庇护下，凡·高晃晃悠悠地驶向具有神性的悲剧终点。他先后在四个国家的城市和乡村中漫游，探索自己的世界，观察大自然的壮丽景色，与穷人们一起生活，理解同胞们艰难的处境。

在荷兰和比利时的农舍中，凡·高谦卑地开始了自己的艺术之旅。他用日常的普通物品展现农民的生活及活动。凡·高抓住这些日用品的表现力和内在力量，并通过绘画的形式赋予它们道德上的意义，使它们的价值得到升华。

沉默的礼物

在凡·高的笔下，这些日用品既消解在自身存在的碎片化表达中，又因其碎片化表达而得以呈现。它们摆脱了家居用品的属性，成了凡·高史诗般旅程的证物。凡·高有意打破常规的形式感，不再囿于对客观世界的外在感知，而是在画作中加入自我存在的意义及对生命形式的追问，从而创造出另一个世界。

当时的印象派画家形成了一种即时性的绘画风格，即捕捉瞬间的画面。凡·高也不谋而合地创造出一种充满激情的艺术手法，在绘画中表达自身的情感、理想及对现实的个人看法。这是一种在极度孤独的沉寂中锻造出来的艺术，其中蕴含着一种绝望而崇高的努力。凡·高把世界变成一张画布，尽情地描绘出世界的丰富性与多样性。对他来说，物品的沉默是一种象征，而绘画则是一种忏悔。

黑暗之路

《伐木工》
The Woodcutter

现收藏于荷兰阿姆斯特丹的凡·高博物馆

画面中的工人正全身心地投入工作中,不断地超越着自己,仿佛已经与自己的任务融为一体。

偶像米勒

The Example of Millet

在凡·高绘画生涯的初期,米勒曾是他刻意模仿的对象。当时,巴比松画派的画家获得了巨大的成功,凡·高很容易就能找到米勒名作的复制品。米勒的艺术一直是凡·高的灵感源泉,因为他渴望在庄严美丽的广阔景观下描绘出人类的苦难,从而形成一种强烈的对比,衬托出人类在土地上耕作的崇高努力。

对米勒来说,土地是人类与环境斗争的舞台。和他一样,凡·高也痴迷于描绘农民的辛苦劳作。在某种意义上,两人有一种一脉相承的感觉。或许也正因为如此,这位年轻的艺术家曾表示米勒是自己最喜欢的画家,甚至自封为这位举足轻重的老艺术家的弟子。

偶像米勒

《午睡》
The Siesta
现收藏于法国巴黎奥赛美术馆

凡·高用细腻的笔触描绘了一对熟睡的夫妻,他们就像躺在由干草制成的金色睡垫上。整个大自然似乎都沐浴在夏日的热浪中,看不见却又无处不在的阳光为整幅画注入了活力和能量。

黑暗之路

《剪羊毛者》
The Sheep Shearer
现收藏于荷兰阿姆斯特丹的凡·高博物馆

凡·高曾长期在乡村生活，熟悉乡村生活的日常百态，因此他常会在画布上真实有力地记录下这些场景。在这幅画中，凡·高描绘了两个农民剪羊毛的场景，生动地捕捉到了农民的生活与工作状态。他用自己的方式重新诠释了米勒的名作《剪羊毛》，展现了自己艺术风格。

《捆麦子的人》
The Sheather

现收藏于荷兰阿姆斯特丹的凡·高博物馆

凡·高用与众不同的视角描绘了一个正在捆麦子的农民,将他塑造成了一个正在生活中翩翩起舞的芭蕾舞者。

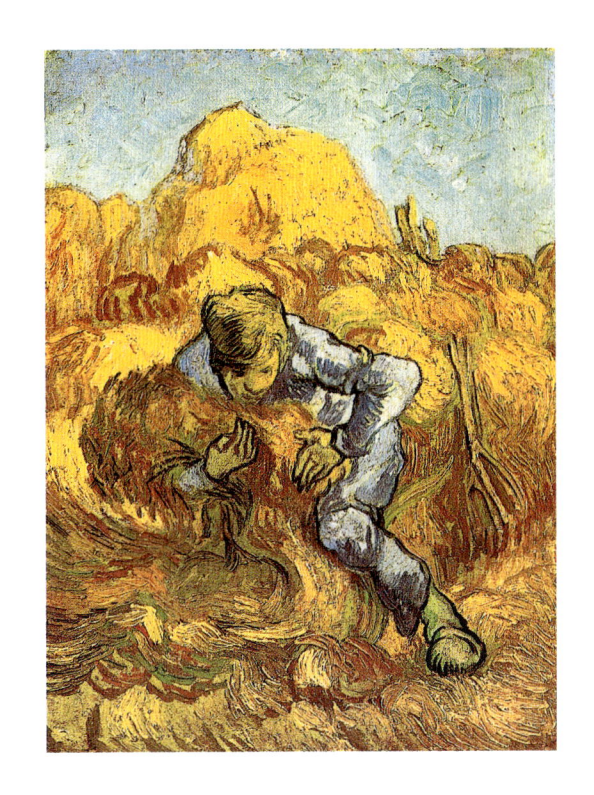

    米勒(1814 年—1875 年)的作品后来成为一种流行文化的象征。与库尔贝不同的是,米勒的《拾穗者》和《晚钟》等作品以极致简约与纯粹的风格获得了一定程度的成功,打破了学院派的封闭圈子,触动了广大公众。

    米勒的作品体现了大众的审美,却并没有受到当时学院派艺术准则的影响。他的画作展现了高超且精湛的技巧,被认为是对真实世界的完美呈现。即使是对艺术懵懂无知的人,也可以毫无障碍地欣赏米勒的作品。

黑暗之路

《出工》
Leaving for Work
已销毁

这幅画传递出了与米勒作品相近的精神，呼应了《圣经》中先知摩西带领以色列人走出埃及的故事。

  凡·高逐渐意识到米勒对他来说不仅是一个简单的模仿对象，更是他烂熟于心的主题的来源。凡·高着迷于米勒的创作手法，以及他直抒胸臆的表达方式。

  1881年，凡·高根据米勒的名作《播种者》，创作了一幅略显业余的画作。尽管如此，凡·高还是成功地捕捉到了米勒原作中的精神和情绪，这归功于他在乡村环境中体验到的相似的忧郁、孤独和孤立。两人虽然生活在不同的地区，却有着相似的感悟。米勒生活在巴比松，四周都是传统的小农场，那里的风情民俗与凡·高曾居住的比利时及荷兰非常相似，当地居民都必须本能地了解自然和季节的变迁，并不断地为了生存而奋斗。

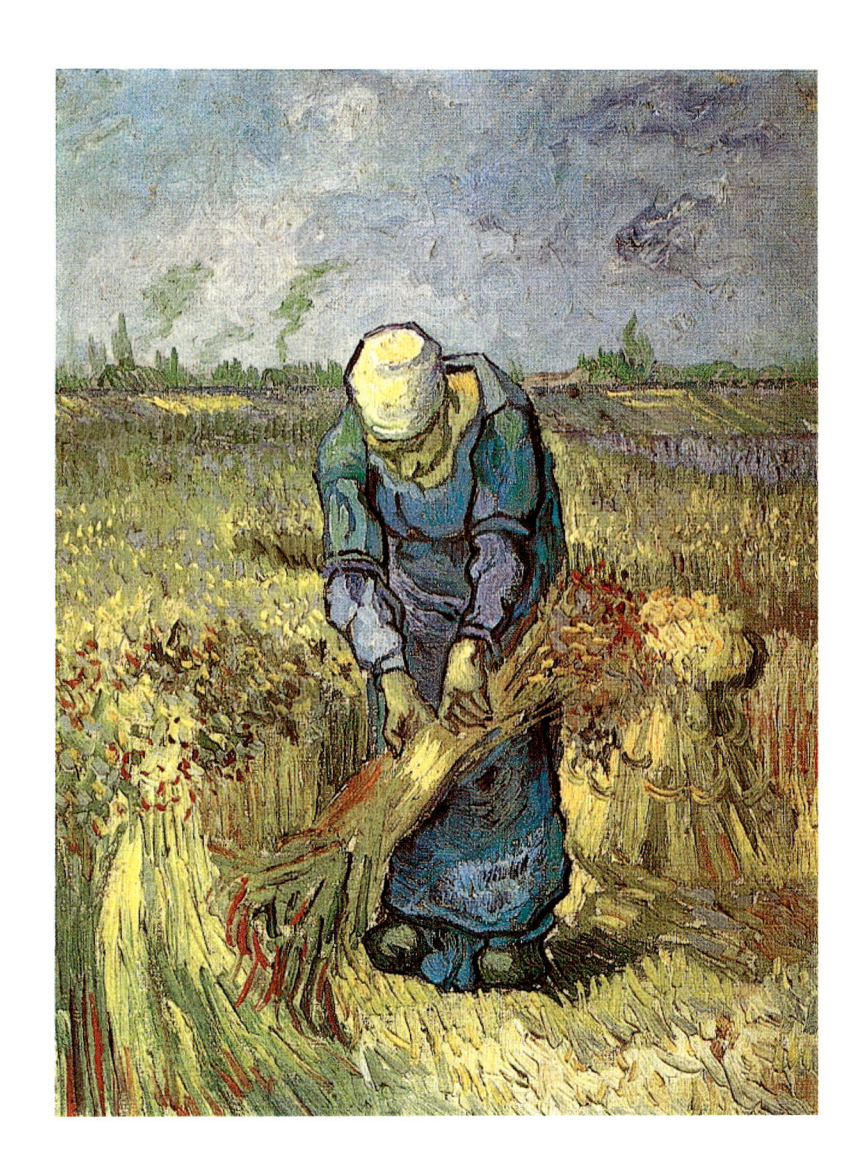

《捆麦子的农民》
Peasant Sheaving Wheat

现收藏于荷兰阿姆斯特丹的凡·高博物馆

画中的人物不仅与他的农活融为一体，也与他自身的宇宙融为一体。

黑暗之路

《收割者》
The Reaper
现收藏于荷兰阿姆斯特丹的凡·高博物馆

收割者弯腰的姿势，就像一个人在探究生命的源头、寻找生命的滋养力量。即使是再寻常不过的收割姿态，凡·高也能以强烈的感情为农民的日常劳作注入神圣仪式般的高尚感。

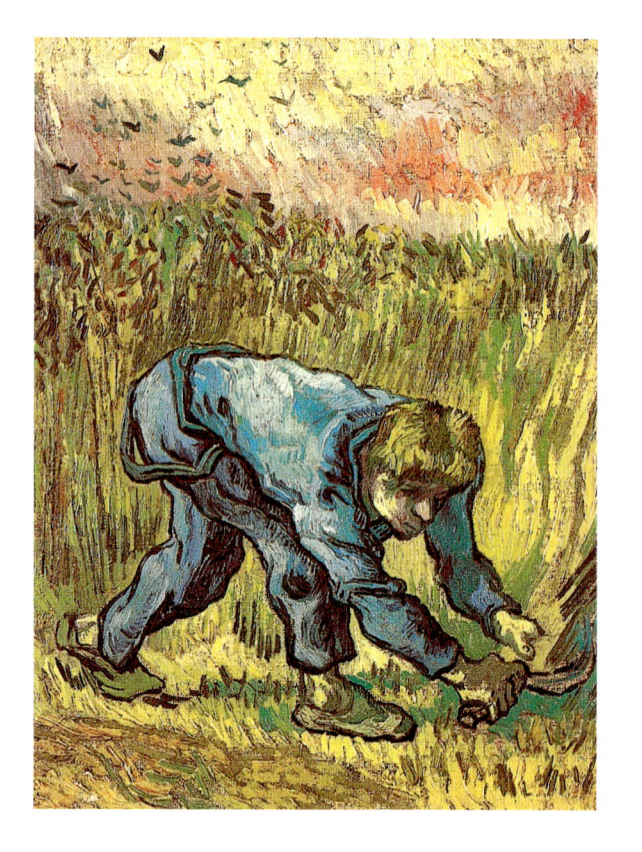

终其一生，凡·高都十分敬仰米勒。在法国南部的普罗旺斯生活期间，凡·高对照从巴黎带回的米勒的版画，创作了几十个版本的画作。这种重复性的模仿不仅是为了表达一种艺术上的认同，也是为了寻求新的创作灵感。尽管凡·高的绘画题材同样独具匠心，但他还是不断地临摹米勒，并逐渐将米勒的画风重新塑造为自己的风格。

凡·高向米勒学习，用充满韵律感的流畅线条描绘并凸显农民的日常姿态。此外，凡·高在画中将土地比作古代的农业神祇，以此强调农民与土地的亲密关系，就好像他们是从土地里孕育而来的。而这正是凡·高与米勒的区别，凡·高将农民刻画成土地的主人，而非仆人，从而揭示出一种深刻的、被人遗忘已久的力量。

偶像米勒

《第一步》
First Steps
现收藏于美国纽约大都会艺术博物馆

凡·高是一个孤独的人，居无定所，不会组建自己的家庭，更不会拥有自己的孩子。因此，他对简单的家庭乐趣特别敏感，将热烈而真挚的爱全部灌注给了侄子。

黑暗之路

《戴白帽的农妇》
Peasant Woman with White Bonnet
现收藏于荷兰阿姆斯特丹的凡·高博物馆

凡·高的肖像画与当时公认的艺术准则背道而驰:他将人物力量及真实的一面表现了出来,揭示了人物的内心世界。

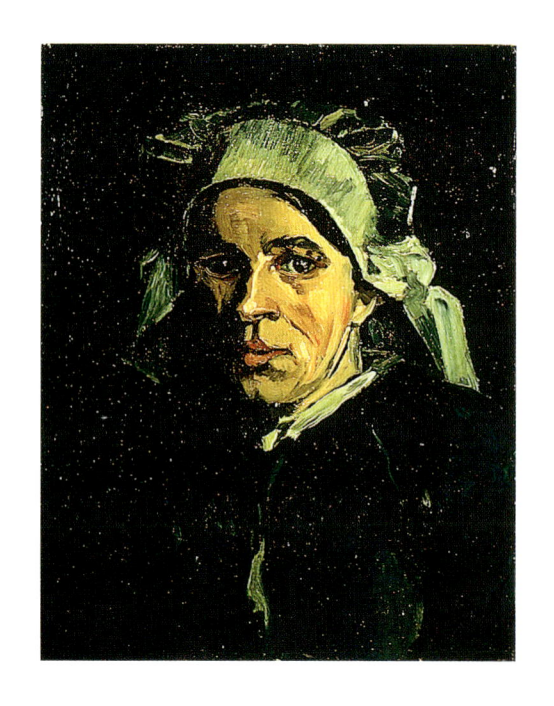

农民道德

The Peasant Ethic

I

  19世纪的资产阶级在获得了政权,巩固了从银行和金融业获得的财富之后,开始为自身的统治地位寻找道德上的辩护。

  为适应资本主义经济发展的需要,教会制定了严厉的法典,对个人的行为进行严格的约束。森严的阶级统治催生了一种对农业世界的理想化愿景。法国的农村仍然非常传统,没有受到工业化力量的冲击,但工业化造就了城市的无产阶级。这个新兴的阶级处于资本主义社会的最底层,是受压迫最深、受剥削最重的阶级,他们被卷入了一场疯狂的竞赛,却总是无法获得合理的物质回报,这让他们感到无比挫折和愤怒。

  资产阶级将对肥沃土地及其忠实仆人的看法,编撰成相应的道德课程,向年轻群体灌输;同时,他们想方设法地让年轻人留在乡村,压抑他们对移居城市的向往。

《播种者》
The Sower
现收藏于荷兰阿姆斯特丹的凡·高博物馆

"播种者"这一主题几乎贯穿了凡·高所有的作品。早期,凡·高常会采用浓厚的笔触与沉重的大地色调来表现主题,渐渐地,画作的色调变得轻快起来,充满活力。人物、树木、大地和天空同时出现在画面中,不禁让人联想到日本艺术的表现方式,巧妙地表达了大自然的统一性。

  当时学院派画家的作品属于新古典主义复兴的衍生,他们笔下的花神和丰产女神得墨忒尔等形象矫揉造作,就好像是玛丽·安托瓦内特(译者注:路易十六的王后,因铺张浪费和近宠内幸的轻佻举止而遭到抨击)在宏伟的凡尔赛宫廷扮演一个卑微的牧羊女。于是,一批崇尚乡村生活的画家回归到古代丰产女神的传统风俗中,纷纷摒弃了学院派的表现方式。
  这一时期的学院派并没有忙于创作以古代战争英雄或古典神话为主题的画作,而是采用了深受资产阶级道德影响的现实主义风格,在距离乡村千里之外的画室内描绘农民群体的生活。

黑暗之路

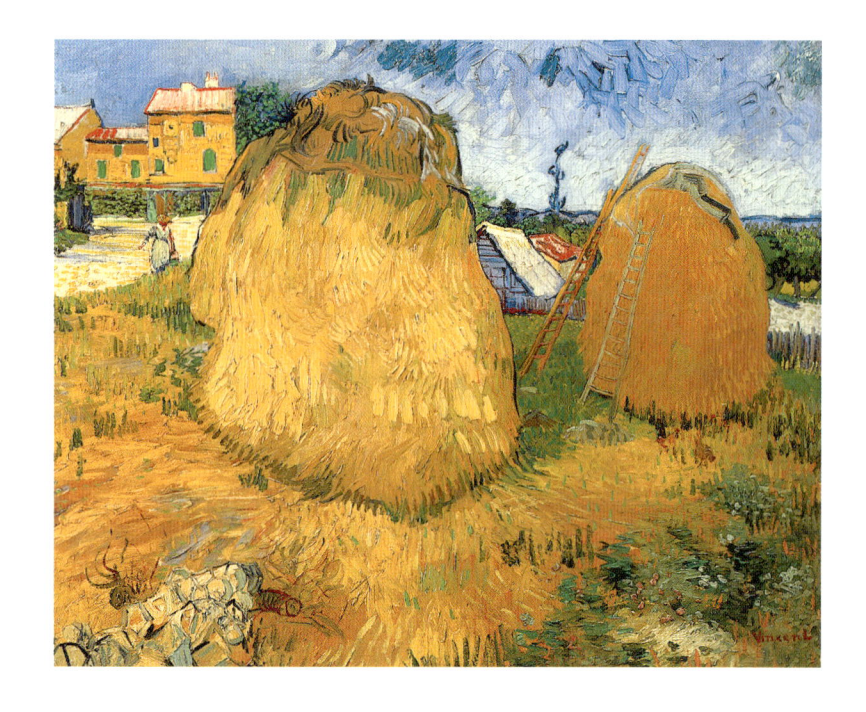

《普罗旺斯的大干草堆》
Haystacks in Provence
现收藏于荷兰奥特洛的库勒-姆勒博物馆

一堆堆的干草占据了画面的整个近景。它们就像定居在这里的居民,被大自然赋予了无穷的力量和生命。天空和大地似乎刚刚从宇宙的激荡中平稳下来。干草堆虽然平整地伫立着,但这种表面上的稳定蕴含着一种悬而未决的威胁感。

19 世纪的农业社会在上层社会的乡绅化改造中得以幸存。那时的画家始终想当然地以为农民生活有着与生俱来的高贵,因此即使他们笔下的农村具有一定的真实性,但仍与现实严重脱节。这类艺术作品无法真实地记录无产阶级斗争的历程。即便像库尔贝这样的画家,偶尔也会试图表现出残酷的政治现实,而正是这种现实无情地碾碎了无产阶级的梦想。

其他同一时期的画家包括朱尔斯·巴斯蒂安-勒帕热、莱尔·米特、朱利安·杜普雷、罗莎·博纳尔、朱尔·布雷东等。他们都曾尝试在画作中加入少量的现实主义元素。这些画作细节精美,给大众带来审美上的愉悦感,但理想化的美感完全掩盖了农民生活的压迫性。其中的一些作品虽然正面歌颂了农民的光辉形象,但也轻而易举地忽略了笔下人物付出的血汗与辛劳。

农民道德

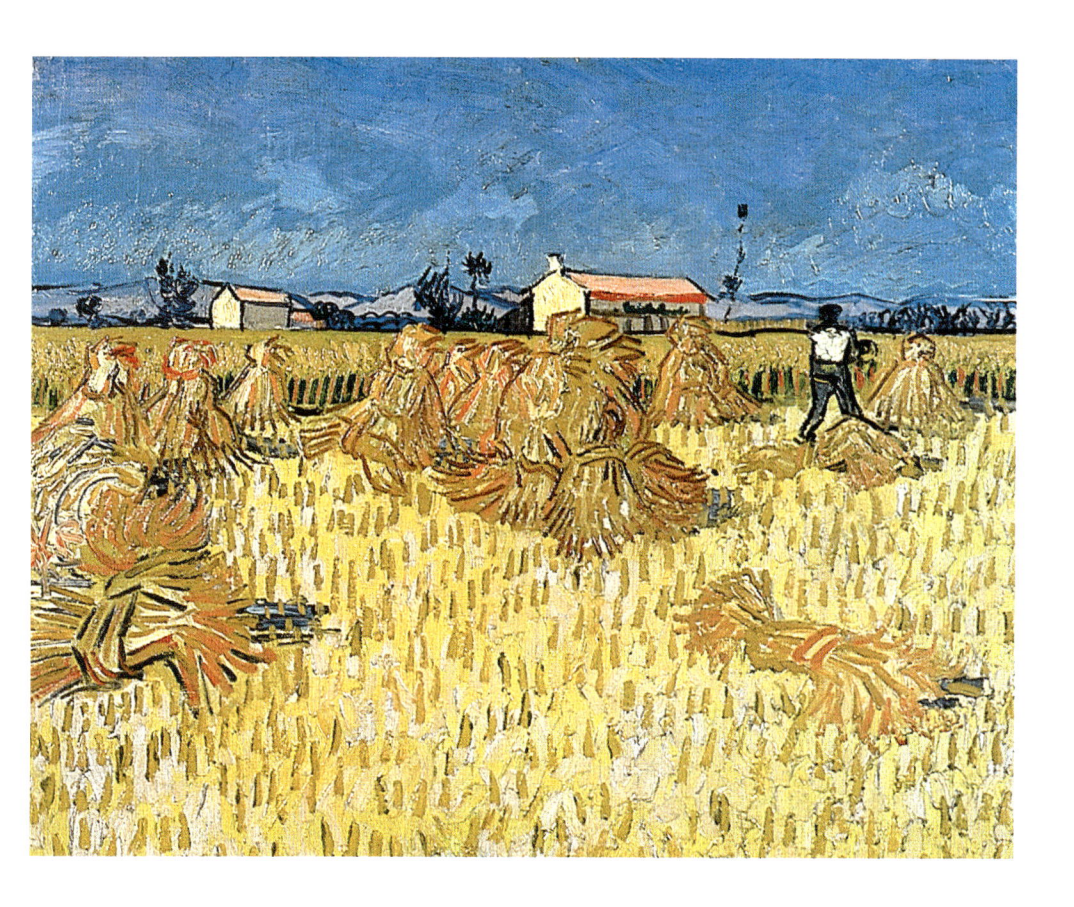

《普罗旺斯的丰收》
Harvest in Provence
现收藏于以色列耶路撒冷以色列博物馆

这幅作品仅采用了最基本的技法。凡·高以有力的笔触来描绘这片钴蓝色的天空，与明亮的田野产生了强烈的色彩对比，由此产生的色彩张力为广阔的全景注入一种内在的活力。

  对这些艺术家来说，所有的农民都强壮高贵，所有的农妇都健康美丽，他们的日常姿态都优雅协调。因此，在这些艺术家的画布上，不仅充盈着对肥沃土地的崇高敬意，还包含对土地上辛勤耕耘的贵族的崇高敬意。

  资产阶级心平气和、洋洋得意地将农民赞誉为传统的守护者，是手持做工精良的犁的仁慈主人，是富饶土地上的天然诗人。这是一种符合法国大革命精神的做法——农民成了受人欢迎的英雄，成了智慧及正义感的化身，他们自豪地耕种着这片友爱平等的国土。让·雅克·卢梭围绕这一概念构建了一个哲学体系，使其不受任何不利证据的怀疑和动摇。

《播种者》
The Sower
现收藏于荷兰奥特洛的库勒-姆勒博物馆

米勒对凡·高的影响在这幅画里再次得到印证。但凡·高在画面中创造出了一种局促感，与播种者的静态姿势以及戛然而止的地平线形成了一种奇特的对比。这幅画的题材虽然极具传统性，但凡·高却采用了一种另类的处理方式。

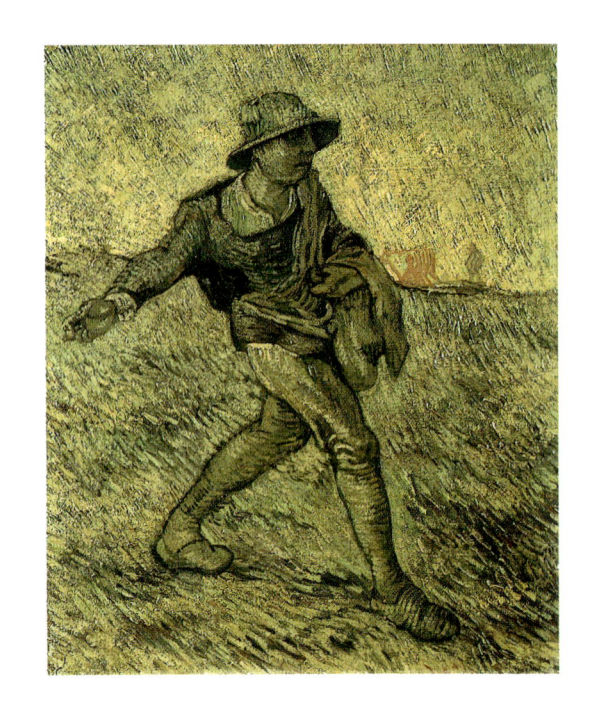

　　历史人物圣女贞德是宗教热情和农民社会神秘性的完美结合。她出身贫寒，既是淳朴的乡村牧羊姑娘，也是圣洁、勇敢的战士，这种双重身份让她长久以来一直拥有很高的历史地位。19 世纪，圣女贞德的形象被广为宣传，用以提升整个社会的凝聚力。

　　米勒的创作源于自己的切身体验及农民的现实生活，而非凭空想象。因此，对正在描绘农民真实生活的凡·高来说，米勒是一块试金石。凡·高拒绝盲目地将农民的形象理想化，而是通过绘画充分展现农民生活的现实，并赋予农民尊严及新的意义。

　　在荷兰和比利时期间，凡·高的个人风格与他的绘画题材完美地融合在一起。他的笔触厚重且有质感，就像秋日的泥土一样黝黑而沉重。世人是透过一层美丽而冷漠的面纱看待农民的，而凡·高在画中表达的那种原始力量就是为了刺破那层遮挡的面纱，让人们看清这个现实世界。另一方面，与农民的朝夕相处也激发了凡·高的创作动力，滋养了他的艺术，并帮助他形成了独特的绘画风格。

农民道德

《播种者》
The Sower
现收藏于荷兰奥特洛的库勒-姆勒博物馆

> 这幅画描绘了一个极度孤独的人。他在这硕大的空间里显得如此渺小,大步流星地向前走着,脚下的大地像一片干旱的沙漠,随时都会将他吞没。

  从一幅画到另一幅画,凡·高的绘画风格在复杂性和技巧上不断演变。对凡·高而言,与印象派的相遇具有决定性的意义:他的调色板自此更加绚丽多彩,他的笔触也充满了新的活力。多年来,凡·高一直在耐心地打磨自己的画技,这一次他终于找到了与自身艺术追求相符合的绘画风格。凡·高已经超越了以纯粹观察为基础的现实主义,对生活的无限热情帮助他找到了一种更具活力的表现手法。不过,凡·高追求现实主义的热情并没有就此熄灭,反而化作了熊熊燃烧的大火。

黑暗之路

《小雕像》
Statuette
现收藏于荷兰阿姆斯特丹的凡·高博物馆

凡·高经常会磨炼画技，创作了一系列习作，这幅画正是其中之一。尽管画作的主题非常传统，但凡·高仍然为静态的石膏雕像注入了一股独特的生命力。

激情的浅滩

The Shoals of Passion

凡·高在一个严格的宗教家庭中长大，他的性欲及其他欲望都被深深地压抑着。因此，在他的作品中几乎找不到赤身裸体的女性形象。

对一个人来说，如果需要发泄一种欲望，首先必须要承认它。当欲望被压抑时，它就会变成一种遥远的记忆，充满了失落、遗憾以及因不能满足而挥之不去的痛苦。凡·高自己也曾承认，他真正体验到的满足感都是艺术带来的。换言之，艺术创作成了凡·高疏导欲望的唯一方式。早期，这种发泄欲望的方式曾被禁止，却因此得到了永久的升华。

激情的浅滩

《斜躺的裸女》
Reclining Nude
私人收藏

凡·高的童年是在古板拘谨的加尔文主义氛围中度过的,与性相关的一切欲望都是被压抑的。刻板的成长环境深深影响到他与女人的关系,更使他成了一个对异性冷漠的神经质。在巴黎,凡·高曾含糊其词地说:"我发现人群中的女人对我产生了一种奇怪的影响。我宁愿将她们画成画,也不愿占有她们,但说实话,如果可以兼得,我会很高兴……"

黑暗之路

《意大利女性》
The Italian Woman
现收藏于法国巴黎奥赛美术馆

画面中的女性是一家巴黎小酒馆的经理，也是凡·高当时的情妇。凡·高用生硬的线条刻画自己的情人，塑造出一种奇怪的僵硬感。五彩缤纷的裙子及亮黄色的背景为画作注入了生机，同时打破了情妇身体上的呆板。

  凡·高很少绘制女性裸体形象，即使有也是痛苦的标志，缺乏女性的优雅和魅力。这或许是因为凡·高与女人之间的关系往往充满磨难，他的爱总是得不到回报。他曾先后遭到了伦敦的房东女儿和表妹凯特的断然拒绝，而唯一和他同居过的女人西恩是他从从街上收留的妓女，一个嗜酒的孕妇。

  凡·高接纳了西恩，也一并接纳了她所有的问题。当凡·高在家人和熟人面前试图为自己的行为辩护时，他从未谈及对西恩的爱情，而是从道义上强调将西恩从流落街头的生活中拯救出来的必要性。虽然我们无从得知他们是否发生过性关系，但凡·高捕捉到了西恩的痛苦，并将其融入了作品《悲伤》之中。在接下来的一段日子里，凡·高成了妓院的常客。

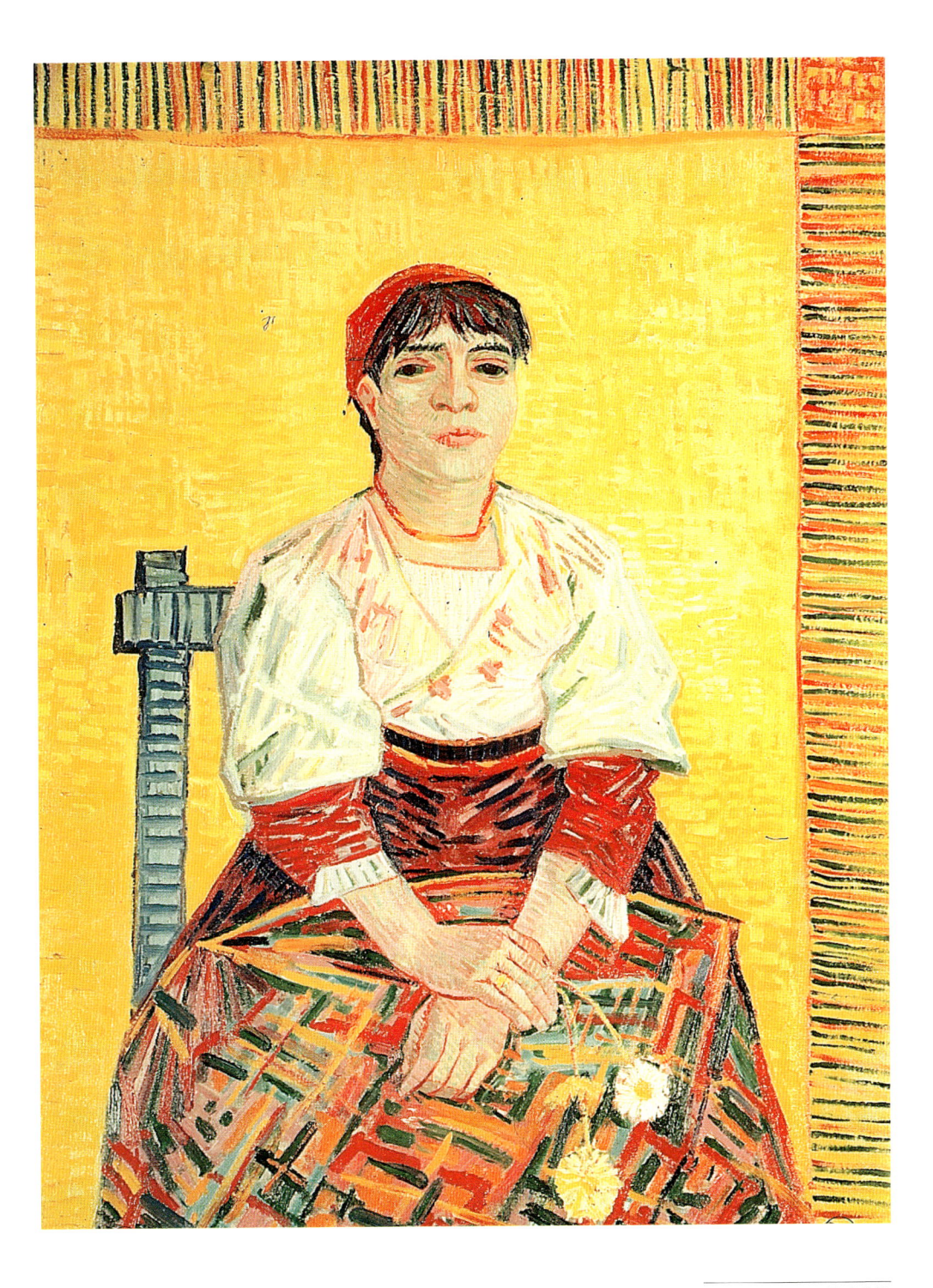

黑暗之路

《女人和摇篮》
Woman and Cradle
现收藏于荷兰阿姆斯特丹的凡·高博物馆

似乎是由于自己的家庭缺乏温馨感,凡·高试图绘制出理想中的家庭场景。在这幅画中,他一改往常苍劲有力的笔法,采用了一种更富表现力、更加温和的风格,不禁让人联想到贝尔特·莫里索的画作。

    与德加、图卢兹-罗特列克及高更不同,凡·高的作品里看不到任何情欲的痕迹,他也从未在画布上记录妓院的景象。实际上,凡·高曾在很长一段时间里与高更结伴流连于阿尔勒的风月场所,肆无忌惮地纵情肉欲。高更极度自信,痴迷于肉体上的享受,在女人的面前拥有与生俱来的权威感。而这一切都是凡·高所缺乏的。

    相比之下,凡·高更习惯深夜的咖啡馆。在那里,他独自一人静静地坐着,窥探着人类在他眼前上演的悲惨景象。

    面对直白的性欲,凡·高只感到羞耻和无能为力。在与高更争执之后,凡·高割下了自己的一只耳朵,并将其送给了当地的一名妓女。他的自残不仅是懊悔的表现,更是一种自我惩罚的仪式,因为他从未拥有高更式的完美男性形象。

激情的浅滩

黑暗之路

《接生婆》
The Wetnurse
现收藏于荷兰阿姆斯特丹的凡·高博物馆

这幅画描绘了一个头戴白头巾的老妇人，她是一个接生婆，却有着朴实憨厚的农民气质。从她身上，我们似乎能感悟到土地深处最原始的力量，却丝毫感受不到传统育儿室的平和气氛。凡·高在乡村度过了自己的孩童时期，因此对他而言，童年的象征似乎就是美好的大自然。

鲁本斯：色彩的迸发

Colour-Burst: Rubens

凡·高父亲位于纽南的牧师住宅始终笼罩着一股压抑的气氛。1885 年 11 月，凡·高决定逃离父亲家，前往比利时的艺术中心安特卫普。机缘巧合之下，艺术家在伊马日路（这条街也有图片街的意思）一家颜料店的楼上租下了一个小房间，这真是一个奇怪的巧合，不禁让人联想到超现实主义创始人安德烈·布勒东提出的"客观机会"。

凡·高在信中向弟弟提奥描述了自己的新房间："我在墙上挂了成套的日本版画，这让我的工作室看起来更加舒适。我很喜欢一抬头就能看见这些版画的感觉。天气不好的时候，我可以在室内创作。这间小卧室很漂亮，一点也不让人感到压抑。安顿下来后，我又花了几法郎买了一个炉子和一盏灯。我确信我在这里的生活一点也不无聊……"

在这封信中，凡·高十分务实，反复提及房间的摆设，这似乎都表明了凡·高渴望拥有一个真正属于自己的空间，因为只有这样他才能在相对平静和舒适的环境中创作和生活。尽管凡·高也曾辗转于海牙、伦敦、巴黎、阿姆斯特丹等大城市，但现在的他似乎准备安定下来，正式开启

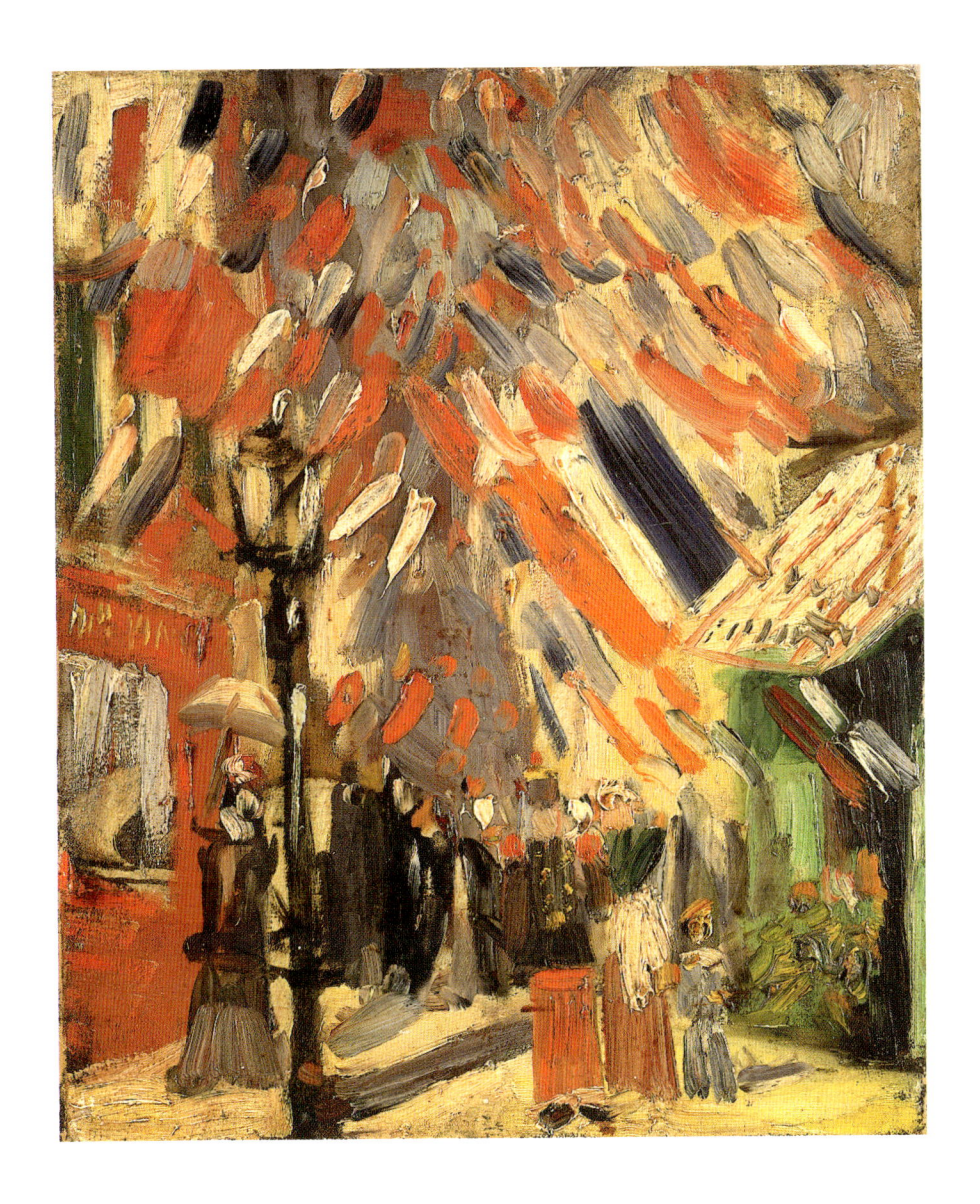

《7月14日的巴黎》
Fourteenth of July in Paris

加格利-海恩卢梭私人收藏,瑞士温特图尔

凡·高用相互碰撞的色彩以粗犷的笔触描绘出了巴黎的街景。在处理类似主题的画作时,马奈和莫奈也曾用到这些颜色。

黑暗之路

《鲜花和酒瓶》
Flowers and Bottle
现收藏于荷兰奥特洛的库勒-姆勒博物馆

画中描绘了一个不同寻常的组合：一盆花与一个酒瓶。两者被极为紧凑地摆放在一起，仿佛透露出凡·高对家庭亲密生活的一种美好愿景。

    自己的绘画生涯。凡·高仍然受到学院派画风的影响，但他清醒地认识到自己还有很多东西需要学习。于是，凡·高将目光转向安特卫普的各大博物馆，一次又一次地前去参观，观赏雅各布·约尔丹斯、扬·凡·戈因、罗伊斯达尔等杰出画家的作品。最为重要的是，他发现了鲁本斯的作品。

    一方面，凡·高被鲁本斯画中丰富的色彩深深地吸引；另一方面，他却对鲁本斯的绘画主题及绘画方式不以为然。鲁本斯的画作总是不可避免地带有一些情欲色彩，他笔下的女神有着玫瑰色的肌肤、性感的臀部及丰满的双峰。这些都与凡·高心中根深蒂固的禁欲主义与贫瘠截然不同。虽然鲁本斯对色彩的表现力是不可否认的，但他与凡·高的人生观和艺术观就像地球的两极，截然不同。

    长久以来，凡·高唯一的灵感来源便是农民社会的原始土壤、黯淡的风景及人类的苦难。与鲁本斯作品的相遇，为凡·高一度停滞不前的创造力提供了一片未曾开垦的新天地。

    凡·高始终坚持在艺术中表达一种人文精神。在观摩鲁本斯的画作后，凡·高意识到自己可以在借鉴鲁本斯用色的基础上，继续坚持自己的绘画题材及艺术追求。

    在凡·高的艺术生涯中，遇见鲁本斯是一个决定性的事件。由此，凡·高在保持自身风格的基础上，更新了对色彩的理解，逐渐开始在画作中使用更加亮丽的色彩。鲁本斯采用了一种极致

鲁本斯：色彩的迸发

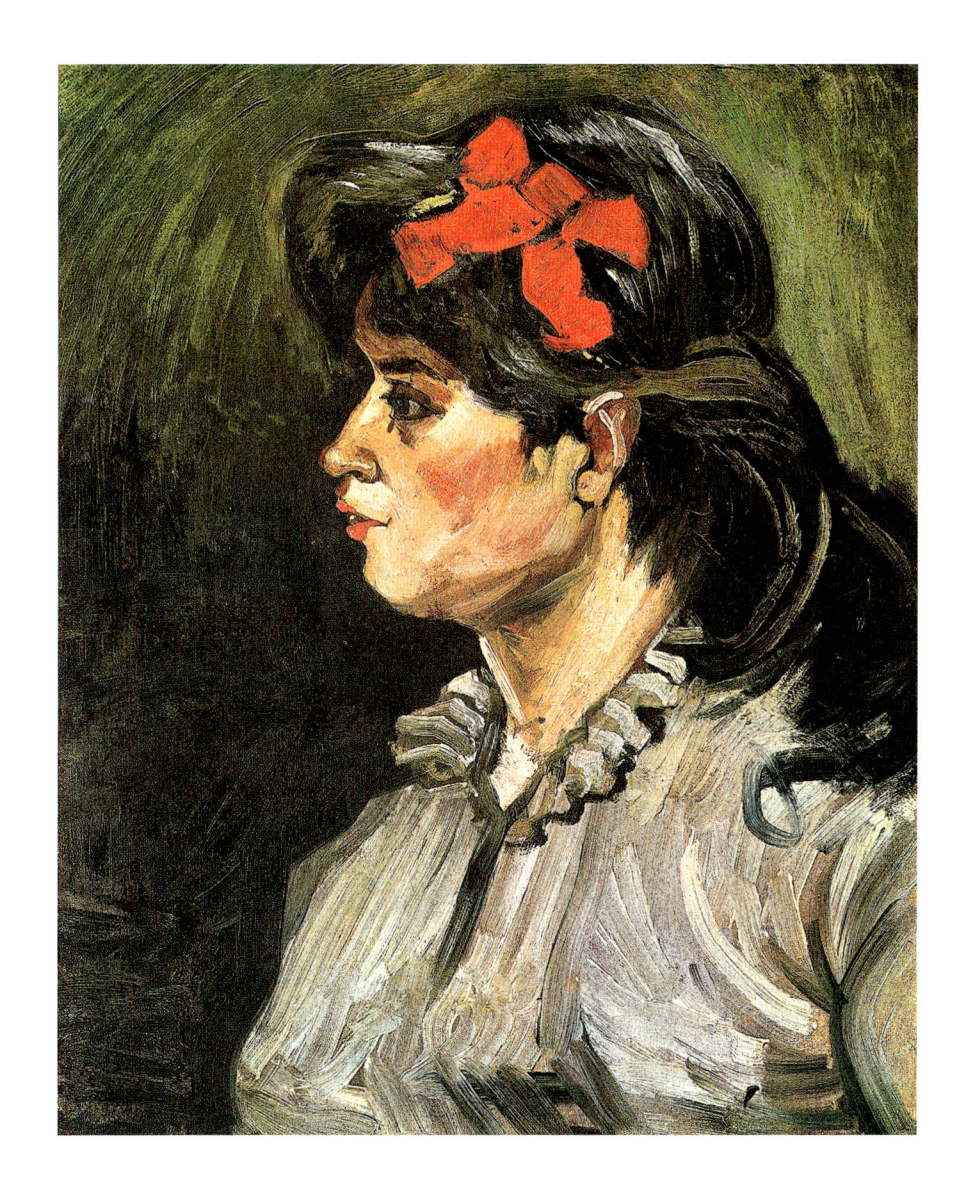

《一个女人的画像》
Portrait of a Woman
阿尔格雷德 · 惠勒私人收藏，美国纽约

凡·高会不断地回归熟悉的绘画主题。自信满满时，凡·高笔下的肖像画会变得更富有表现力，成画的质量也超越了他所有的早期作品。最终，凡·高成了自己创作风格的主人，用个性化的方式描绘出每一件事物的内在灵魂。

《安特卫普的码头》
Antwerp Quai
现收藏于荷兰阿姆斯特丹的凡·高博物馆

凡·高用厚涂法描绘了阴雨下的港口，整幅画呈现出浓郁的传统主义风格。尽管如此，凡·高的个人情感仍然强烈地交织在画面中，传递出一种寂静又阴沉的气氛。

的风格来赞美女性身体的光辉和柔软，其画面蕴含的活力及绚丽的布景对凡·高来说完全是一片陌生的领域，也给他带来了崭新的视觉体验。长久以来，凡·高的画中所缺少的正是鲁本斯式的元素，在某种意义上，正是鲁本斯促成了凡·高的成功。

如果将鲁本斯的《海伦·富尔芒的画像》与凡·高的《一个女人的画像》进行比较，我们就能发现这两位艺术家的鲜明差异。即使是绘制妻子的画像，鲁本斯也并未收敛描绘法国皇后玛丽·德·梅德西斯时的手法，营造出了一种庄严感、形式感及距离感。而凡·高则一如既往地选择谦逊、平凡的人物作为自己的绘画对象。在《一个女人的画像》中，人物形象是有血有肉、实实在在的存在。此外，凡·高并没有刻意营造自己与这位妇女的距离感，而是真实地反映了人物的社会地位及生活状态。凡·高描绘的是一个个平凡的男人和女人，展现了人性中丰富、自然、天真的美。这些普通人可能尚未意识到自身的美好，但他们的表情往往透露出坐在凡·高画架对面的喜悦。

鲁本斯：色彩的迸发

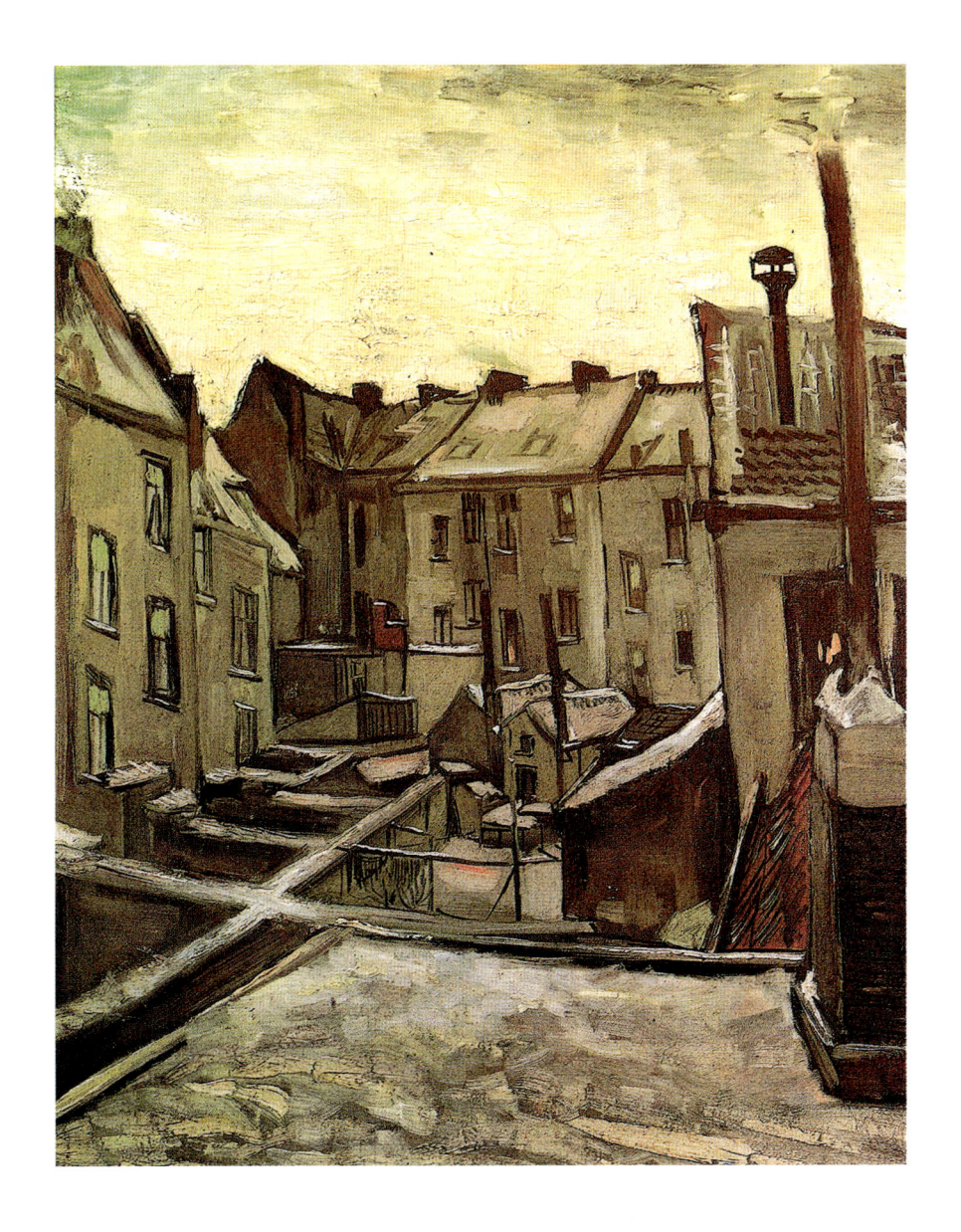

《雪后的安特卫普》
Antwerp Under the Snow
现收藏于荷兰阿姆斯特丹的凡·高博物馆

凡·高用坚实、丰富且灵活的笔触，巧妙地构建出街道的空间感。整幅画弥漫着一种悲观的情绪，仿佛在暗示艺术家正身陷囹圄。在描述现实时，凡·高似乎总会带有一丝悲伤与孤独的意味。

《自画像》
Self-Portrait

约翰·哈伊·惠特尼私人收藏，美国纽约

画面中的凡·高不修边幅，小心翼翼地收敛着自己的表情。这幅画似乎验证了，凡·高在面对自己的形象时会略显拘束。

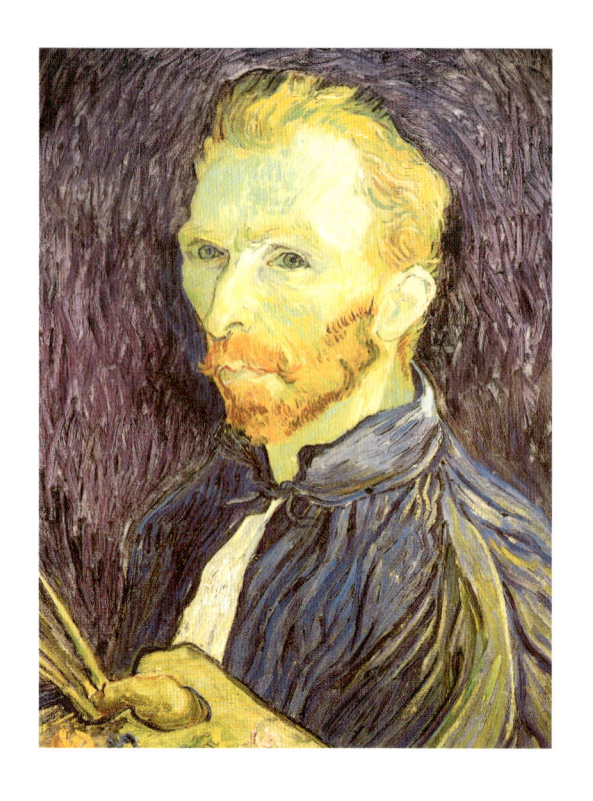

自我征服

Self-Conquest

尽管凡·高的精神状态一直都不稳定，但他也有过几段相对稳定的时期。

由于在艺术与生活上的选择，凡·高遭遇了他人的不解、恶意及拒绝，甚至连家人都无法给予他急需的理解和支持。自始至终，凡·高都不愿随波逐流，毫不妥协地坚守着对人性的炙热信仰，这一切拉开了他与所有人的距离，使他与社会、家庭甚至自我渐行渐远。

在与农民、社会弃儿们同甘共苦的日子里，凡·高每天都会见证种种苦难与不公，这让他深有感悟，也让他的精神一直处在崩溃的边缘。尽管如此，凡·高还是毅然决然地决定加入穷苦人民的队伍，一方面凡·高被他们身上特有的博爱打动，另一方面内心的冲突使他感到愈演愈烈的孤立与沮丧。

《罗纳河上的星空》
Starry Night on the Rhône
现收藏于法国巴黎奥赛美术馆

在这幅画中,凡·高通过展现自己对夜空的迷恋,表达出了一种对自由的渴望。画面中的星光就像在黑夜中爆炸了一般,变得触手可及。

黑暗之路

《自画像》
Self-Portrait
现收藏于美国马萨诸塞州剑桥市哈佛大学弗格艺术博物馆

这幅自画像展现了凡·高眼中的自己——一个和尚与囚犯的混合体。

  起初，艺术对凡·高仅仅具有某种模糊的吸引力，后来艺术逐渐演化为他内心深处的一种诉求，最后几乎成了一种痴迷。日益增长的孤独感让凡·高更加坚定了对艺术的追求。最终，毫无意外地，凡·高选择全身心投入艺术创作中。他就是这样一个追求极致的人——一旦做出选择，便会付出一切。

  被家人排斥，被心爱的女人拒绝，一次次的打击使凡·高沉浸在痛苦中无法自拔。幸好艺术及时地出现，替代了凡·高在现实生活中被剥夺的一切。在对艺术创作的追求、对技巧的摸索中，凡·高痛苦的心灵逐渐得到了治愈。在经历了多年的怀疑和失败之后，凡·高迎来了自己最具创造力的时期（1880年—1890年）。在这一时期，凡·高的创作不仅数量惊人，而且品质出众，这些画作也被公认为他最伟大、最优秀的系列。凡·高用他的绘画真实地记录了世界之美，也只有他能够做到这一点。

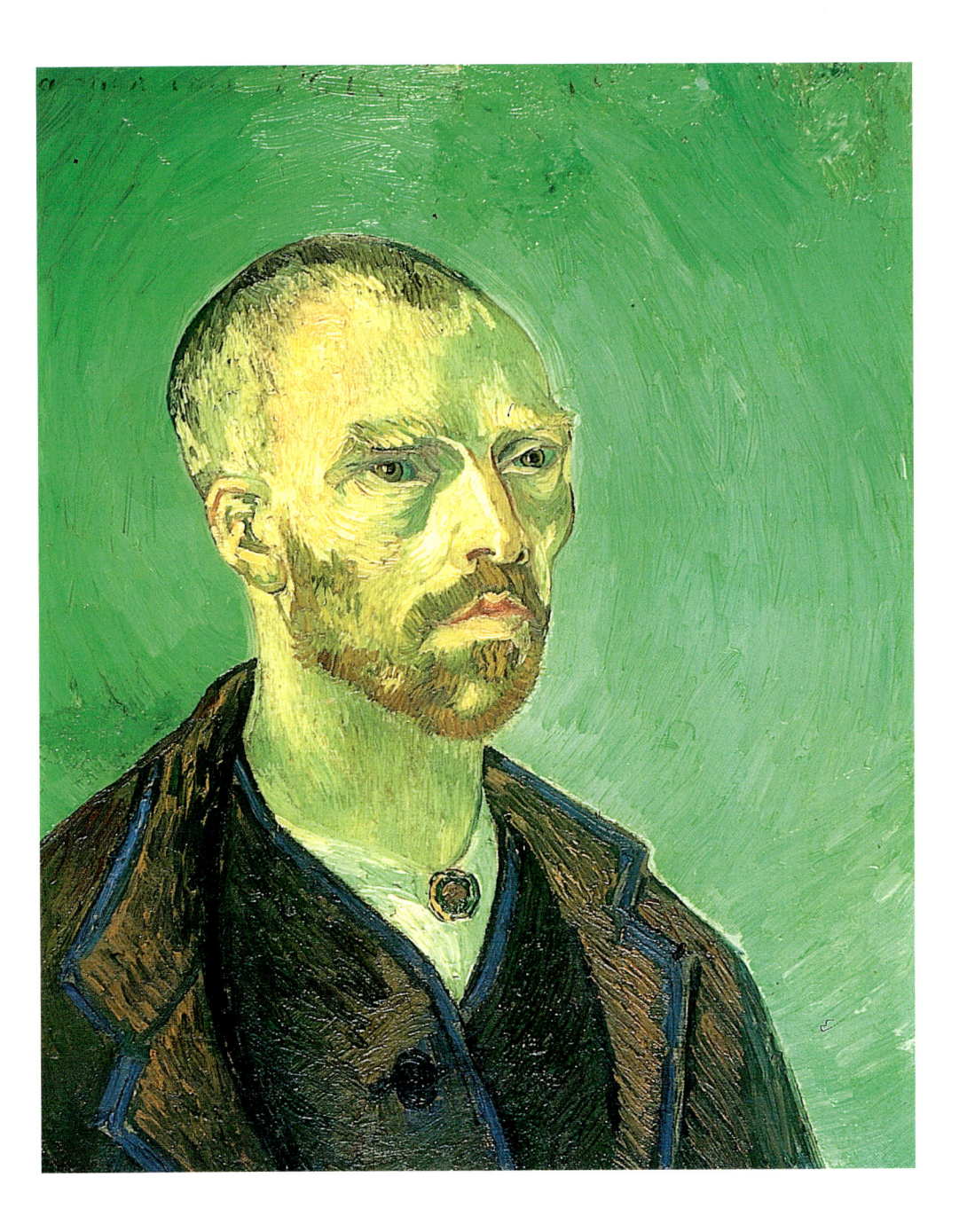

黑暗之路

《橄榄树》
Olive Trees
现收藏于荷兰奥特洛的库勒-姆勒博物馆

画中的橄榄树枝干弯曲虬结，向天空伸展，仿佛吸收了土地最深处的力量。从某种意义上讲，这是一幅别样的"自画像"，凡·高透过描绘大自然的景象表达了自己精神世界的痛苦与挣扎。

  凡·高清醒地感受着内心的绝望，艺术的修炼更像是一种对绝望这一劲敌的艰难宣战。在凡·高的艺术世界中，时间不是问题，他超越了个人与艺术的界限，对现实本身有了更清晰的认识。

  然而，透过凡·高未老先衰的僵硬面庞，我们可以看出他内心的绝望只是暂时得到安抚，从未完全被驯服，凡·高就像是一个永远被囚禁在灵魂荒野中的人。

黑暗之路

光明之路

尽管凡·高一生命运多舛，但他仍在极大的痛苦下坚守着对生存的炽热信仰，始终怀揣着无比崇高的理想寻找真正的自己，以一幅幅画为路标，一步步走向光明。

光明之城

The City of Light

《大碗岛的星期天》
A Sunday at the Grande Jatte
乔治·修拉，现收藏于美国芝加哥艺术学院

在这幅画中，修拉用全新的艺术手法（即点彩画法）来表现现实，奠定了一种基于原色绘画的科学绘画方法。这与凡·高纯粹、充满激情、高度主观的创作方式截然相反。

19世纪后期的巴黎是欧洲文化相当活跃的几个首都之一。当时，世界上最优秀的艺术家、文学家及思想家几乎都汇聚于此，掀起了一场艺术及文化思潮。

1886年，第八届印象派画展在巴黎举办，这也成了印象派运动的最后一次画展。在毕沙罗的鼓励下，乔治·修拉展出了自己的画作《大碗岛的星期天》。这幅画象征着一场技法革新，修拉采用的点彩画法打破了很多印象派公认的法则，宣告了一个新兴的艺术家群体就此诞生。同年，左拉出版了小说《杰作》，主人公克劳德·朗捷是一个郁郁不得志的画家，这部小说很快在艺术界掀起了轩然大波。有传言说，朗捷的原型可能是马奈，或是左拉的儿时好友塞尚。左拉曾是印象派运动的拥护者，因此他的这本新书是对印象派的一次额外打击。值得一提的是，左拉在法国梅塘的住所没有装饰任何印象派作品，因为这位著名的作家显然更加偏爱富丽堂皇的学院派作品。

与此同时，天才学术型作家费利克斯·费内翁结合修拉引领的新印象派运动中涌现的作品，发表了一系列评论文章，攻击印象派更注重色彩的"科学"技法及"自然主义"风格。19世纪后期，亚瑟·兰波出版了无与伦比的《彩图集》，震惊了巴黎的文学界和知识界。这部诗集的诞生很大程度上要归功于诗人保罗·魏尔伦。当然，这部作品也让年仅十几岁的兰波早早就登上了人生的巅峰，但他不久便放弃写作，前往东非，在贫困、疾病和流放中度过余生。

《雪中的巴黎》
Paris Under the Snow
古斯塔夫·卡勒波特，现收藏于瑞士日内瓦小皇宫美术馆

卡勒波特常会以城市永久居民的视角来描绘自己停留的城市。而凡·高的视角则更加转瞬即逝，甚至带有一丝秘密的窥探，他总会早早地将视野转向其他更明亮、更开阔的天地。

  马拉美是那一时期巴黎诗人群体中另一颗冉冉升起的新星，在贝尔特·莫里索的引荐下，他结识了艺术家莫奈和雷诺阿。他们学识广博、志同道合，逐渐形成了自己的小圈子，每周二下午都会在罗马街诗人公寓里会面。这个团体为象征主义运动提供了动力。不久后，这种新的文学和艺术思潮就席卷了整个欧洲。

  普法战争后，人们的反德情绪高涨。即使德国音乐家理查德·瓦格纳1883年便去世了，仍鲜少有人会演奏他的作品。歌剧《罗英格林》因以德国神话中的著名人物为主角，而遭到公众的强烈反对，不得不取消了在巴黎的演出计划。

  与此同时，其他国家的剧作家和小说家开始受到公众的青睐，挪威剧作家易卜生的作品被评论家们反复引用，俄罗斯作家陀思妥耶夫斯基、托尔斯泰等人的小说也广受欢迎。

  巴黎不仅拥有美好的艺术，还是一座充满世俗乐趣的城市。蒙马特区附近有着琳琅满目的娱乐场所，如"狡兔之家"酒吧（原名为刺客酒吧）、黑猫咖啡馆、位于殉道者街的日式酒馆等。年轻的先锋派艺术家和诗人经常光顾这些娱乐场所，图卢兹-罗特列克还曾在这些地方举办画展。当时，提奥就住在黑猫咖啡馆附近的拉瓦尔街，因此凡·高也是这片区域的常客。

光明之路

《从勒皮克街文森特的房间看到的巴黎景色》
View of Paris From Vincent's Room on Rue Lepic
现收藏于荷兰阿姆斯特丹的凡·高博物馆

在短居巴黎期间,凡·高发现了蒙马特区的独特魅力。他从蒙马特高地眺望整座城市的全景,并以点彩画法将窗外的景色一一描绘了出来。

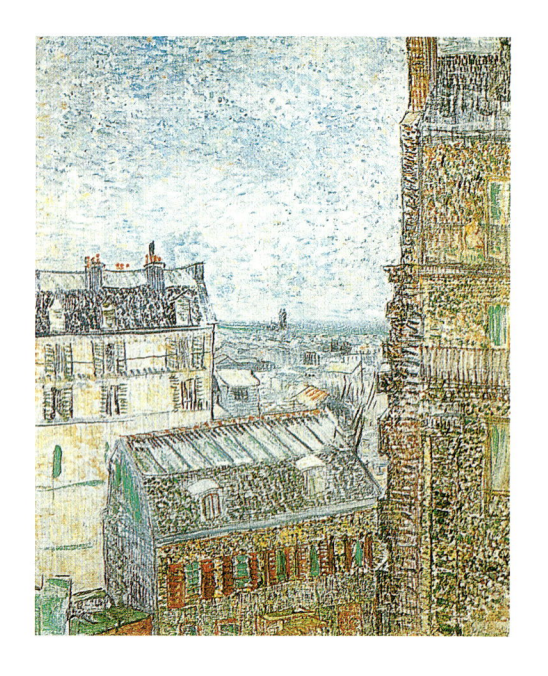

巴黎时光

The Paris Period

I

一个城市的神秘性主要来自它的居民:那些在城市生活的人会用自己的梦想和抱负点缀城市,赋予城市一种非凡的现实。

著名作家古斯塔夫·科奇奥特总能敏锐地捕捉到巴黎街头的气息,他曾写道:"这座城市有些混乱无章、有些难以置信,也有些不可思议,但同时它又是独一无二的。而这一切景象都浓缩在屈指可数的几栋建筑物和几条大街内。当你听到'巴黎'这个词时,脑海中会浮现一个神奇的圆圈。巴黎是宇宙的中心,是沙漠中的绿洲,是神话中的大篷车,是纵情欢愉的麦加圣地。"

19世纪后期,巴黎是一个国际化的大都市,也是一个社交城市。1874年—1875年,凡·高曾两次因古皮尔画廊的工作,在巴黎短暂停留。但那时的凡·高一门心思都放在工作上,没有领略到这座城市的风貌及魅力,也不曾外出冒险,更没有浪漫的邂逅。当时,凡·高的主要娱乐活动是阅读,在给弟弟提奥的信中,他提及了许多优秀的作家,如米歇莱、埃克曼·沙特里兰、勒南及海涅。在工作之外的闲暇时间,凡·高还会前往巴黎各大博物馆里参观,他尤其喜欢在卢森堡国立博物馆和卢浮宫里度过周末。1886年的一天,凡·高在卢浮宫里欣赏欧根·德拉克洛瓦

巴黎时光

《克里希大道》
Boulevard de Clichy
现收藏于荷兰阿姆斯特丹的凡·高博物馆

当时的印象派画家热衷于用不同的表现手法探索城市的可能性。克里希大道是蒙马特地区的主要街道之一，凡·高描绘了自己及弟弟居所附近的路口，却营造出一种奇怪的疏离感。

《巴黎的风景》
View of Paris
现收藏于荷兰阿姆斯特丹的凡·高博物馆

画面中的高楼一栋接着一栋,一直延伸到天际。整幅画采用了粗犷激烈的笔触,成片的高楼仿佛即将把凡·高压垮。

的屋顶壁画时偶遇了弟弟提奥。凡·高对弟弟表述了自己想要定居巴黎的意愿,并解释道:"我一直在考虑,我想这对我而言应该是最好的决定……"显然,他希望能获得弟弟的支持。

凡·高曾在巴黎接受短暂的绘画培训,其间他结识了画家图卢兹-罗特列克及埃米尔·伯纳德。其余时间,凡·高都在自学绘画,主要钻研如何运用绚烂明亮的颜色绘制花朵。培训班的课程令凡·高十分失望,因此不久后他便退课,并和提奥一起搬到勒皮克街54号。为了寻找创造的灵感,凡·高经常在蒙马特周边的大街上闲逛。

蒙马特地区尚未完全城市化,因此还保存了部分乡村的气息,四处散布着菜园及荒地。登上蒙马特高地的制高点,你便可以透过风车(用于加工面粉)的剪影望见远处圣旺和圣德尼工业区内密集的工厂及高耸入云的烟囱。蒙马特是一个风景如画、色彩缤纷的地方,对于像凡·高这样的艺术家而言,这儿简直就是天堂。

凡·高在巴黎过着自由自在的生活,是当地博物馆与展览的常客。在巴黎,凡·高有机会接触到几乎所有的艺术风潮。巴黎举办了第八届印象派画展,参展的艺术家包括费利克斯·布拉克蒙、

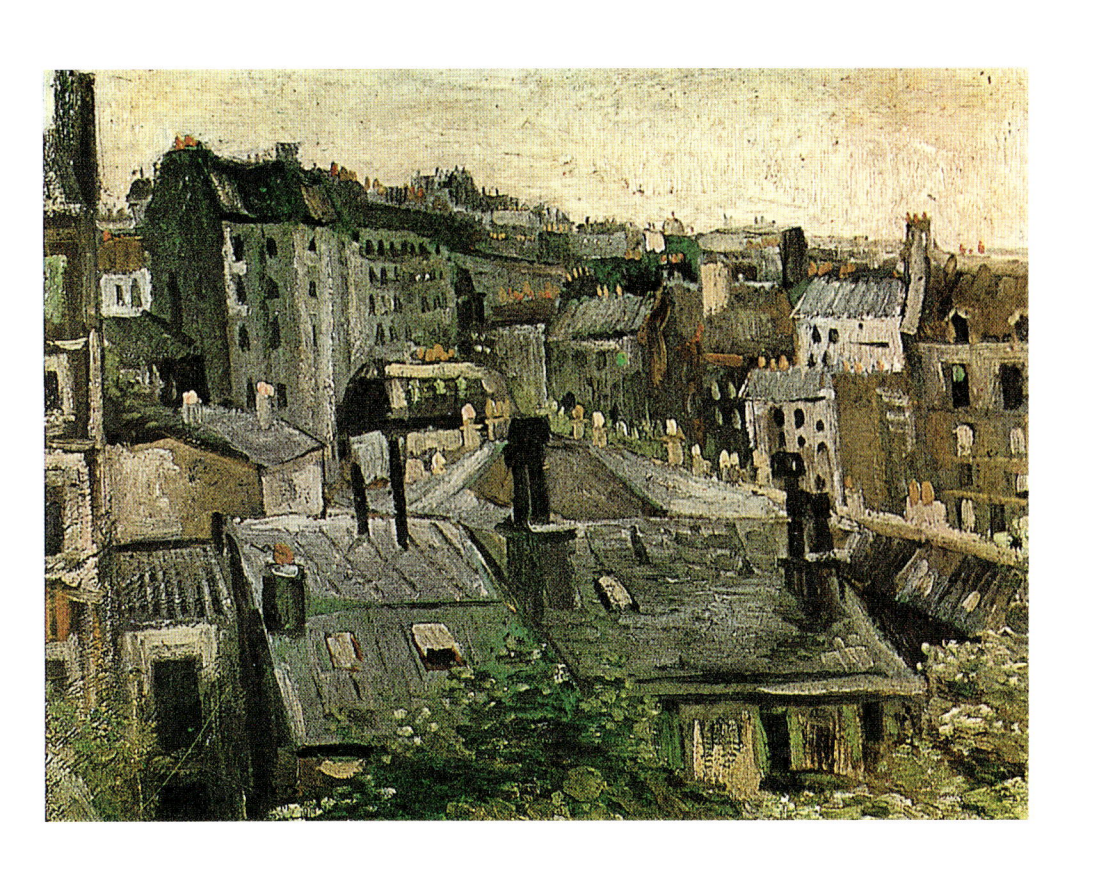

阿尔芒德·基约曼、贝尔特·莫里索、毕沙罗父子（即卡米耶·毕沙罗与儿子卢西恩·毕沙罗）、奥迪隆·雷东、舒芬尼克尔、修拉、维贡等。紧接着，第五届国际画家和雕塑家展在巴黎的珀蒂画廊举办，展出了莫奈及雷诺阿的画作。此外，第二届独立画展在巴黎杜伊勒里宫花园举办，出席的画家有安格朗、克罗斯、杜波依斯–皮勒、毕沙罗父子、修拉及保罗·西涅克，他们都是点彩派运动的领军人物，也是印象派的继承者。画家之间的竞争与分歧导致了印象派的日益衰落。凡·高虽然没有完全放弃早期的绘画主题和风格，但他仍然注意到这种风格提供的可能性。

光明之路

《从蒙马特看巴黎》（又名《屋顶上的巴黎》）
View of Paris From Montmartre (The Rooftops of Paris)
现收藏于瑞士巴塞尔艺术博物馆

这是一幅表现城市景观的作品，绵延不断的巨大屋顶一直延伸到天际，营造出一种深远的空间感。凡·高喜爱置身于空旷的大自然，感受大自然无所不包的胸襟。这种大自然与生命的结合，不禁让人联想到凡·高在德伦特省时期的作品。

    在巴黎的日子里，新兴的风格，甚至是相互对立的绘画元素都深深影响着凡·高的创作。他在自己的绘画中不断实验这些新元素，并逐渐将它们融入自己的风格中。凡·高在巴黎结识了图卢兹-罗特列克、安格朗、埃米尔·伯纳德、西涅克等艺术家，虽然凡·高仍然没有摆脱与生俱来的孤独，但逐渐从过去的阴影中走了出来。巴黎时期的凡·高在艺术世界里重获新生，成功地稳定了自己的性情，并将自身澎湃的激情转化为创作的动力。

    在凡·高的周围，印象派和新思潮之间的冲突正在改变着艺术世界，这些冲突既催生了点彩派，又为象征主义的出现奠定了基础。不过，凡·高没有投身于一场艺术运动，而是专注于塑造自己的绘画风格。

    当时，一些印象派画家已经在纳达画展上展出自己的作品，并且获得了布苏德画廊及瓦兰勒画廊的青睐。由于这两家画廊位于蒙马特大街的两侧，因此这批主流的印象派画家获得了"林荫大道艺术家"的称号。而那些默默无闻的艺术家则被称为"小巷艺术家"，因为他们大部分都在蒙马特大街下游的小巷里有着自己的住所或画室，如图卢兹-罗特列克、路易斯·安克坦。尽管凡·高性格乖戾、不善交际，但他对与艺术有关的话题有着强烈的表达欲望。凭借这一点，他成功地与几位画家同行成了朋友。在多年的自我封闭之后，凡·高突然发现自己进入了令人陶醉的艺术世界。那时，印象派正受到点彩派及以保罗·高更为首的阿旺桥派的冲击。

巴黎时光

提奥尽其所能地在巴黎艺术圈内引荐自己的哥哥。其中就包括圣乔治街附近的独立艺术商人，他们愿意冒险提拔那些没有获得著名画廊青睐的画家。这些独立艺术商人的店铺更像是古玩店，学识渊博的收藏家会定期光顾这些店铺，试图寻找被埋没的人才。

　　凡·高的画作经常在德拉雷贝雷特画廊等独立艺术商铺的后厅里展出。当时，凡·高无比敬仰画家蒙蒂切利及提奥的商人邻居伯特。伯特的很多顾客都非常富有，包括卡蒙多、辛格、鲁阿尔等。在伯特的大力推荐下，凡·高获得了与德加、莫奈及毕沙罗一同交流创作的机会。

光明之路

在左拉的小说中，有一个名叫托马斯的艺术商人："托马斯住在拉斐特街，是一个老派的小商贩，为人单纯、直率、谦逊，具有民主精神。他经常登门拜访画家，在画室里来回巡视，时不时驻足在一幅画前，皱着眉头欣赏。尽管自己的生意不景气，他还是愿意为艺术家提供一些力所能及的帮助。'这幅画多少钱？60法郎吗？什么！85法郎？你一定在逗我……我可没那么多钱……这个价格，你别指望能卖出去……不不不，我没有讨价还价！你当然是伟大的艺术家。但是你知道我手头上的画太多了，我都不知道该怎么摆放了。'最后，托马斯以40法郎的价格买下那幅画。更重要的是，他其实早已盘算好这幅画的潜在客户。托马斯的合作伙伴通常是那些小有名气、性价比高的艺术家。总体而言，托马斯是一个聪明善良的人，更是一个真正的鉴赏家。"

　　在小说之外的真实世界里，真实的"托马斯"存在于巴黎的艺术圈中。他名叫马丁，在摩加多尔街20号有一家店铺，由破旧的古董店改造而成。马丁的许多客户都很富有，也很有名望，其中包括多里亚伯爵、亨利·鲁阿尔及阿尔佛雷德·森西尔。有趣的是，这三位客户自称为"摩加多尔圈"。后来，马丁搬到圣乔治街29号，与雷诺阿成了邻居，马丁还是第一届印象派画展的临时主管。

　　凡·高和西涅克经常结伴在阿斯涅尔的塞纳河河畔作画，后来两人受邀与修拉一起在皮加勒街的自由剧院参加展览。展览的组织者安托万向艺术评论家保尔·阿莱克西透露道："排练厅大约有60至80平方米的空间。我计划邀请一些年轻的艺术家，尤其是那些有机会崭露头角的杰出画家或雕塑家……他们可以在排练厅展出，让更多的人看到自己的作品。这样的展览也许不够隆重，但应该是有利可图的。我已经得到了一份到场嘉宾的名单，届时会有一批皇室成员及百万富翁出席。只要有作品能打动他们，他们一定会爽快地付款。"然而，事情并没有按照安托万的预期发展，参展的艺术家也一无所获。后来，在费利克斯·费内翁的帮助下，安托万在《独立杂志》的办公室中又组织了一场小型的画展。

《哀悼基督》
Pieta
现收藏于荷兰阿姆斯特丹的凡·高博物馆

整幅画表现出凡·高的怜悯之情，显然他被"哀悼基督"这一经典的宗教主题深深地触动了。

凡·高渴望成为一名真正的艺术家，于是他在克里希大道42号的一家餐厅中举办了一场画展，并邀请埃米尔·伯纳德、安克坦、图卢兹-罗特列克、肯宁和基约曼一同参加，展出各自的作品。尽管这次画展销量不佳，但拉近了凡·高与这一批画家的距离。凡·高因此与修拉相识，并通过交换画作与刚从马提尼克岛航行归来的高更结下了友谊。

这次画展以凡·高与餐厅老板的争吵告终。实际上，凡·高不是第一回这么做了，此前他还与克里希大道62号铃鼓咖啡馆的老板阿戈斯蒂娜·塞加托里有过不愉快的经历。1887年1月，凡·高与塞加托里相识并陷入爱河，但同年7月两人就分手了。在分手前，塞加托里帮助凡·高举办了一场日本版画展，凡·高的朋友埃米尔·伯纳德和安克坦也参加了本次展览。

光明之路

《嘉莱特磨坊》
The Moulin de la Galette
现收藏于美国宾夕法尼亚州的卡内基艺术博物馆

> 画面中的大型磨坊本来是蒙马特地区的历史遗迹，后被改造成一个卡巴莱歌舞厅，周围是一片毫无特色的建筑物和空地。这种过渡地带的变迁触动了凡·高，唤起了他对消失的过去及未知的未来的思考。

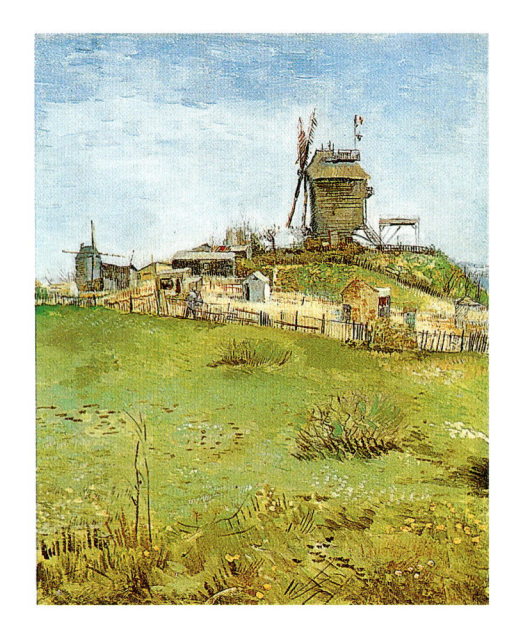

蒙马特的风车
The Windmills of Montmartre

18 世纪，蒙马特还是一个淳朴的小乡村，只有 700 多户人家，大部分人都是临时工、磨坊主、葡萄种植者和小商人。蒙马特地区的山丘上散布着大约 25 处风车遗迹，其中大部分是由蒙马特高地的圣心大教堂修建的，用来灌溉遍布山顶的田地及葡萄园。

在凡·高的时代，蒙马特地区标志性的大风车逐渐被卡巴莱歌舞厅和小酒馆取代，这个地区沉浸在欢声笑语之中。到了 19 世纪，这些歌舞厅和酒馆一度成为当地的文化特色。每逢周末，成群结队的巴黎人欣然前来，寻求刺激与娱乐。弗朗索瓦曾这样形容当时的欢乐场面："被掀起的裙子比被磨成面粉的小麦还要多。"蒙马特风景如画、气候温和，为一大批当代艺术家提供了创作灵感，尤其是印象派画家。艺术家们用绚丽的色彩描绘着歌舞厅及小酒馆欢快的氛围，创作出充满诗意的画作。而凡·高的画作则呈现了隐藏在欢乐与陶醉之下的荒凉。

虽然在很长的一段时间里，蒙马特始终保持着半乡村特征，但随着城市化的进程，凡·高敏锐地发现蒙马特正一步步向城市化的方向发展：从前开阔的原野被改造成了一个个花园，然后又被夷为平地。到处都是光秃秃的山坡，就像一片古代采石场。

《蒙马特的假期》(又名《蒙马特的一角》)
Festival in Montmartre (A Corner of Montmartre)
现收藏于荷兰阿姆斯特丹的凡·高博物馆

在这幅画中,凡·高描绘了一个转瞬即逝的假日景象,表达出一种空虚与感伤。

    凡·高笔下的蒙马特有着微妙的空间感,准确地呈现出该地区城乡过渡阶段的荒凉奇观。比起南侧热闹非凡的巴黎林荫大道,凡·高更偏爱北侧的路线,因为沿途有着大面积的荒地、稀疏的私人住宅及成片的工业建筑,呈现出一种无政府主义的景观。残垣断壁的荒凉景观与凡·高自我毁灭和拒绝享乐的精神产生了一种共鸣。身处城乡交接的区域,凡·高决定用画笔记录繁华蒙马特的另一面——城市化遗留下来的绝望与孤独。

    凡·高也很喜爱登高望远,从蒙马特高地的制高点向下望去,广阔的巴黎全景尽收眼底。在凡·高的眼里,这座城市充斥着灰色的忧郁——浓烟滚滚的景象与当时许多作家(如左拉、魏尔伦及兰波)的悲观描述不谋而合。一段时间后,凡·高决定离开巴黎,离开蒙马特,只身前往城市边缘的无人区。凡·高更喜欢生活在不确定的空间里,不愿被自身的局限性、各式各样的社会活动以及可预测的未来囚禁。

光明之路

《嘉莱特磨坊》
The Moulin de la Galette
现收藏于荷兰奥特洛的库勒-姆勒博物馆

画面中,复古的大风车倒映在周围的建筑物上。在雷诺阿的笔下,磨坊是充满节日欢庆气氛的舞厅,而在凡·高笔下,它有着冷清的外表,就像一个漂浮在苍白城市中的幽灵。

    凡·高经常在塞纳河畔游荡,有时会顺着河流前往克里希、阿涅尔和日内瓦等偏远的村庄。随着城市化进程的不断推进,城市与乡村之间的过渡地带逐渐被工厂、空地及工人阶级社区侵占,呈现出一种制式化的荒凉景观。塞纳河不再是城市与周边乡村之间的天然壁垒。凡·高、莫奈、卡勒波特等画家用画笔将乡村与城市连接在一起。随着两地的距离越来越近,乡村特有的风情与气氛也一去不复返。凡·高在这些城乡过渡地带流连忘返,经常将朴素的餐馆或公园作为绘画主题。但是,他笔下的景观不仅缺乏欢乐,还充斥着奇怪的孤独感。在凡·高的画作中,似乎只有建筑物上的装饰不含有任何对现实的隐射。在这一阶段,凡·高在处理人物形象时表现得犹豫不决、意图不明,因此画中的人物总是轮廓模糊,不像都市居民那样充满自信、衣着光鲜。这不禁让人联想到凡·高早期的作品,不过如今的凡·高不再描绘普通人物的高贵品质,转而接受了无产阶级的"非人化"理念。

蒙马特的风车

《蒙马特高地》
La Butte Montmartre
现收藏于荷兰奥特洛的库勒-姆勒博物馆

当时，蒙马特虽然已经处于半乡村状态，但仍保留着传统宁静的氛围，没有完全受到巴黎现代化的侵袭。凡·高在蒙马特尚未完全被现代化破坏之前，及时地通过画笔捕捉到蒙马特最为怀旧的一面。

  当时，凡·高与提奥同住在勒皮克街的公寓里。勒皮克街既有城市的冰冷无情，又有浓郁的艺术气息。在这样的环境中寻找灵感，意味着凡·高必须再次直面自己充斥着悲凉和痛苦的内心。凡·高仿佛踏上了一条传奇的启蒙之路，以一幅幅画作为路标，一步步地走向光明。

  凡·高对光明之旅的向往，不仅可以激发他自身的潜能，还可以鼓励他实现更高的个人理想。对凡·高而言，蒙马特的风车象征着他遥远的祖国荷兰。在不知不觉中，他已经准备好前往一片终极之地，那里既孕育着重生，又预示着灭亡。

光明之路

《有向日葵的小屋》
Shed with Sunflowers

现收藏于荷兰阿姆斯特丹的凡·高博物馆

凡·高在这幅画中展现了大自然不屈不挠的精神：即使是如此贫瘠的土地也能孕育出一小片向日葵，它们静静地生长着。画面远处的孩童与这片向日葵相映成趣，为画面注入了新的生机。

深渊的景象

A Vision of the Abyss

在凡·高的时代，表现"阴暗面"成了一种艺术风尚。如果说印象派画家是用一种更加轻松、不那么戏剧化的方式来表现这一点的话，那么其他艺术家则是在试图捕捉巴黎郊区荒地的凄婉之美。

作家若利斯·卡尔·于斯曼曾长期在巴黎东南部的贫民区内徒步旅行，并成为法国现实主义画家拉法埃利的忠实信徒。于斯曼曾这样形容拉法埃利的艺术："他笔下破旧不堪的歌舞厅散发出一种致郁的魅力，一排排参差不齐的柏树伫立在街道两旁，顺着一望无际的街道望去，一切都消失在城市尽头的地平线上。当我看到画面中疲惫不堪的路人行走在这片极其丑陋的土地上时，恍惚之间似乎所有遭受苦难的祖先都浮现在我的眼前。

《克里希的工厂》
Factories in Clichy
现收藏于美国圣路易斯艺术博物馆

印象派画家是最早开始描绘巴黎郊区工业景观的艺术家。在这幅画中，凡·高采用一种现代主义的绘画风格来表现工业景观的凄凉气氛。

《阿斯涅尔阿根森公园里的情侣》
The Voyer d'Argenson Gardens in Asnières: The Lovers
现收藏于荷兰阿姆斯特丹的凡·高博物馆

这幅画极其罕见，因为凡·高很少会描绘情侣。画中的公园呈现出一派其乐融融的景象。整幅画的表现方式略显笨拙，却恰好体现出凡·高与绘画主题（即爱情）之间的距离感。对凡·高而言，爱情是一个遥不可及的梦，因此他无法真正体会情侣们的感受。

深渊的景象

《塞纳河畔》
On the Banks of the Seine
现收藏于荷兰阿姆斯特丹的凡·高博物馆

很多画家都曾以"塞纳河"为绘画主题,塞纳河及其周围的风光也激发过众多艺术家的灵感,可以说塞纳河见证了印象派运动的开始与结束。凡·高笔下的塞纳河展现出他高度个性化的视野。

光明之路

《库尔贝瓦的桥》
The Bridge at Courbevoie
现收藏于荷兰阿姆斯特丹的凡·高博物馆

当时,塞纳河的两岸不仅频繁地出现在文学与艺术中,还是普通百姓嬉戏游玩的天地。凡·高有时也会来到塞纳河畔寻找创作灵感,乘坐一艘小船从这座连接巴黎与大碗岛的拱桥下驶过。

　　拉法埃利在各个方面都展示了他的远见卓识。他笔下的阴郁场景将可怜之人的痛楚展现得淋漓尽致:精疲力竭的拾荒者有的在筛选着堆积如山的垃圾,有的则在颤颤巍巍地负重前行。然而,除了一贯的忧郁画风,拉法埃利的画布上也不乏欢声笑语,如放声大笑的人们、一群咯咯叫的母鸡、一头憨厚的驴子,还有塞纳河左岸的阿涅尔、矮小的灌木、典型的赶马人、谦和的官员、街道上的清洁工等。一切都沐浴在阳光之下,明亮而迷人。拉法埃利笔下的人物就像是冉·阿让的转世,呈现出令人惊诧的生机与真实!

　　凡·高非常欣赏修拉在描绘工人阶级时表现出的真实感,以及他对大片开阔空间及造型独特的工业建筑的处理手法。此外,凡·高也十分敬仰公开参与工人阶级斗争的诗人卢斯,卢斯的社会意识给了凡·高很大的启发。凡·高还与西涅克一起用画笔记录了城乡过渡地带逐渐消逝的乡村魅力及工业化进程。

深渊的景象

西涅克的引路人基约曼也以黑暗忧郁的方式描绘了巴黎外围的无人区，他对沙朗通和伊夫里这两处凄凉的工业区的刻画不禁让人联想到维尔哈伦的诗歌《触手般扩展的城市》。

　　在来到巴黎之前，凡·高有着很强的农民情结，作品深受荷兰现实主义画风的影响，而如今，巴黎的经历显然改变了凡·高的画风。在巴黎，城市的钢铁丛林正在不断吞噬乡村的土地及传统，快速的城市化及工业化进程几乎要将原本的人文情怀彻底压垮。

光明之路

《唐吉的画像》
Portrait of Tanguy
现收藏于丹麦哥本哈根嘉士伯雕塑馆

凡·高不满足于单纯地描绘唐吉的外貌，而是试图揭示人物的真实内在。唐吉外表的拘谨代表着他对社交的抵触，但仍然洋溢着一种天真的幻想，坚持着自身的理念与理想。他的表情透露着坚定与不屈，展现出心底的善良与面对生活的坚韧。

"老爹"唐吉

At 'Papa' Tanguy's

I

"老爹"唐吉住在克劳泽街，五平方米的空间加上两间相邻的小房间，这既是他的生活空间，也是他的店铺。唐吉是布列塔尼大家族的后代，家道中落后他搬到巴黎定居，他做过屠夫和粉刷匠，最后在蒙马特的郊区开了一家画具店。

唐吉起初定居在克劳泽街14号，之后又搬到了9号。居伊·德·莫泊桑是他的邻居，住在克劳泽街19号一家不起眼的妓院里。实际上，克劳泽街的附近有很多类似的风月场所。每天晚上都可以在这条街上看到很多美丽的年轻姑娘，她们身着蓬松的礼服，脸上的妆容恰到好处。无论是前来猎奇的英国游客还是当地的乡巴佬，仅需带够钱，都可以在这里欢度良宵。这片街区就是亨利·缪尔热小说《波希米亚人的生活情景》的真实再现：欲望就像闪闪发光的蝴蝶一样，在这里翩翩飞舞，试图捕捉那些稍纵即逝的快感。

巴黎是一个以流光溢彩和轻松愉快著称的城市。但对禁欲的人来说，巴黎那无穷无尽的私密欢愉、稍纵即逝的满足没有丝毫的吸引力。莫泊桑和左拉都曾在自己的小说中入木三分地剖析了巴黎这座欲望之都中暗藏着的"毒蛇"。

除了风月场所，这片街区也是各种艺术活动的温床，几乎每条街都是天才之家。传奇画家西奥多·杰利柯住在殉道者街23号；自由剧院坐落于布兰奇街96号；曾上演左拉的《杰作》的吕涅·波剧院位于皮加勒街28号；新生代画家频繁拜访的古斯塔夫·莫罗画室位于拉罗什富科街14号；高更出生于洛雷特圣母院路56号；德拉克洛瓦的画室作为年轻艺术家眼中的圣地，与高更的出生地只隔了两户（58号）；大名鼎鼎的古皮尔画廊坐落在查普塔尔街9号；艺术家

光明之路

《唐吉老伯》
Le Père Tanguy
现收藏于法国巴黎罗丹美术馆

在这幅画中，凡·高借鉴了日本艺术，超越了简单的具象艺术，采用简练而又娴熟的线条绘制出一种肖像的庄严之美。

的聚集地新雅典咖啡馆位于第九区皮加勒广场；雷诺阿的住处（35号）及龚古尔兄弟的官邸（43号）都位于圣乔治街，因此圣乔治街也被誉为印象派运动的发源地；埃米尔·左拉住在布鲁塞尔街21号……

唐吉是一个真正的艺术爱好者，更难得可贵的是他有着敏锐的判断能力。观察了周围令人眼花缭乱的艺术活动之后，唐吉决定开店，兜售一种全新的革命性产品——管装颜料。当时，粉末颜料仍然是市场上的主流产品，但使用它非常麻烦——需要小心谨慎地稀释和混合，才能达到理想的色泽和稠度。虽然学院派画家由于需要应酬络绎不绝的崇拜者和各种各样的奉承者，而被困在画室里创作，但已经有大批的艺术家逐渐离开画室，前往户外作画。尤其是对印象派画家和新一代的年轻艺术家来说，画室仅仅是存放画架的地方，越来越多的画家选择涌向户外。

对唐吉而言，户外绘画的潮流是一个绝佳的机遇。唐吉热爱艺术，始终以真诚友好的态度对待那些从事艺术的人。当遇到囊中羞涩的画家时，唐吉会慷慨地用自己的颜料换取他们无人问津的画作。不久，唐吉的小店铺就成了艺术家和收藏家的非官方聚会场所。

唐吉不仅热爱艺术，也热爱画家。每当身边的画家遭受生计上的困难与痛苦时，唐吉总会在第一时间伸出援助之手，避免他们的创作受到影响。唐吉本人的谦逊，以及对艺术和艺术家的近乎虔诚的热爱令人无比动容。

在为唐吉绘制的画像中，凡·高细致地刻画出了唐吉蓄着短胡须的方下巴，虽然唐吉的五官略显粗犷、其貌不扬，但他性情温和、为人真诚。不同于精于算计、圆滑世故的艺术商人，唐吉简单真诚，有着与生俱来的美德，深受凡·高及其他画家的喜爱与尊重。

除了唐吉，凡·高还为很多人画过画像，包括邮差鲁兰以及后期在阿尔勒遇到的男男女女。这些人通常与凡·高本人的气质十分契合：一丝不苟、细心、慷慨、热情，但内心深处渴望获得他人的爱与理解。

"老爹"唐吉

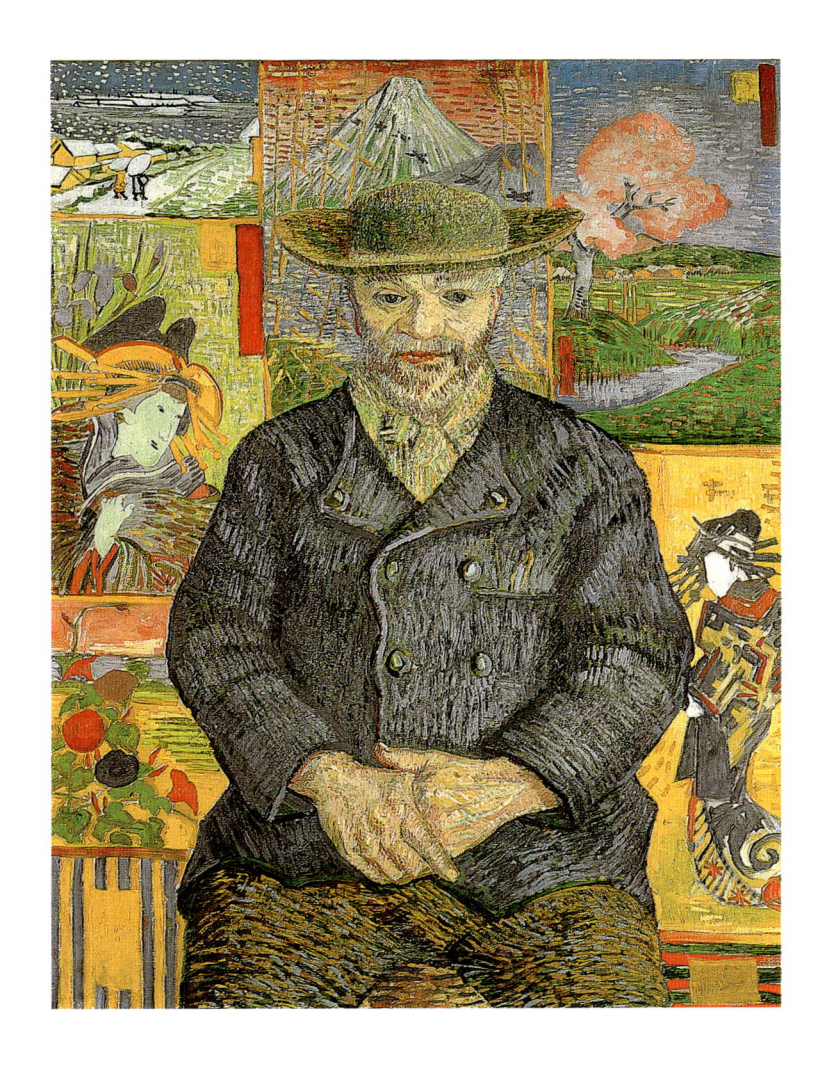

尽管提奥尽最大的努力为哥哥宣传，但那些老牌画廊及专业收藏家仍然将凡·高的作品拒之门外。除此之外，凡·高暴烈的性格总是让自己卷入是非冲突。除了自己的弟弟，凡·高唯一信赖的人便是唐吉。正是在唐吉不断的帮助和鼓励下，凡·高才得以继续绘画，并逐渐成为一位名副其实的艺术家。对凡·高来说，艺术就是一门狂热的宗教，其中蕴含的激情远远超越了单纯的创作活动。一个只追求快乐的社会自然会选择无视凡·高的理想主义以及他对平庸的反抗。如果说艺术真的是一门宗教，那么凡·高无疑是圣人和殉道者的完美人选。

光明之路

《杯中杏花开》
Still Life: Sprig of Almond Blossom
现收藏于荷兰阿姆斯特丹的凡·高博物馆

凡·高似乎总能给微不足道的事物赋予特殊的含义，画中盛开的杏花清新淡雅却并不柔弱，传递出一股坚毅的力量。

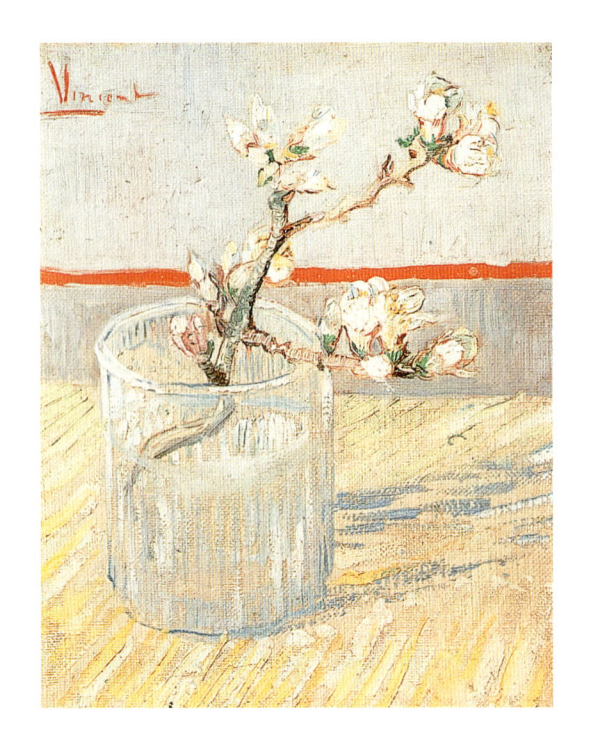

日本艺术的影响

Japanese Influences

1818 年，巴黎内沃出版社推出了一本名为《日本（海鳗民族）：帝国居民的风俗习惯》的四卷本书籍，其中配有 51 幅版画。这本书标志着日本与欧美文化交流的开端。在接下来的几年里，日本与西方之间的船队越来越多，大量的艺术作品从日本涌向西方，这些作品逐渐受到公众的喜爱，其风格对 19 世纪的艺术产生了积极的影响。

在德国，西博尔德收藏的日本艺术品可能是欧洲最好的藏品。1837 年，荷兰莱顿地区出现了以西博尔德命名的博物馆。当时的拍卖会上也涌现出一批日本艺术品，收藏东方艺术品随即成了一种风尚。巴黎上流社会的成员经常光顾一些东方工艺品商店，例如龚古尔兄弟经常光顾的薇薇安街 36 号中国门店、55 号的天国店，里沃利街 220 号的德索伊店，普仁蒂埃街 19 号的中国工艺品与日本工艺品店，伏尔泰滨河路 25 号的马利内店，还有乔奇街 19 号、赫赫有名的宾店（于 1885 年开张营业）。

当时的文学家绝对称得上是最热情的收藏家：现代主义诗人夏尔·皮埃尔·波德莱尔曾自豪地向画家扎夏利·阿斯特吕克炫耀珍藏的"色彩绚丽的日本版画合集"；阿尔弗雷德·宋思尔曾

《盛开的杏树》
Almond-Tree Branch in Flower
现收藏于荷兰阿姆斯特丹的凡·高博物馆

凡·高的画作有一种与生俱来的装饰感，他通过有意识地回避透视法，让枝干自然延展到画布之外，形成了一个和谐的布局。这幅画是一曲优美且令人难忘的生命之歌，是大自然欢乐的交响乐。

向巴比松派画家米勒和西奥多·卢梭介绍神秘的东方艺术；尚弗勒里在自己的《猫：历史、习俗、观察、逸事》一书中使用日本雕刻大师安藤广重的作品作为插图；朱迪思·戈蒂埃也在自己的《蜻蜓诗选》中加入了日本插图元素……阿斯特吕克在法国《旗帜报》专门发表了一篇文章，介绍了当时热衷于收集东方艺术品的著名作家和艺术家，其中包括迪亚兹、詹姆斯·蒂索、阿方斯·勒格罗、布拉克蒙、方丹-拉图尔、马奈、莫奈、龚古尔兄弟、尚弗勒里及菲利普·贝尔蒂。

在远东与西方之间的航行逐渐频繁之后，亨利·赛努奇还组织了多次展览，进一步推广日本艺术。在巴黎举办的几次世界博览会更是让日本艺术变得家喻户晓。

光明之路

《盛开的梅树》
Plum Trees in Blossom
现收藏于荷兰阿姆斯特丹的凡·高博物馆

凡·高或许是当时受到日本艺术影响最为强烈的艺术家，在他的作品中日本艺术的影响随处可见。在阿尔勒逗留期间，凡·高受到了日本艺术、点彩派及印象派的影响。这一切都丰富了凡·高的创作风格，进一步扩展了他的艺术表达范畴。

日本艺术对日后的印象派画家也产生了很大的影响。在 1874 年的第一届印象派画展中，阿斯特吕克展出了作品《日本娃娃》，马奈在《埃米尔·左拉的肖像》的背景中加入了日本版画元素。此外，在惠斯勒的《瓷器之乡的公主》、莫奈的《圣阿德莱斯的露台》和《日本印象》之中也都能看到日本艺术的痕迹。

后来，惠斯勒还在托马斯·杰基尔赞助举办的"孔雀展"上使用了日式装饰图案，进一步推动了日本艺术在英国的流行。在北欧，卡尔·拉尔森和安德斯·佐恩也将日本文化风潮引入了瑞典。

1887 年春，凡·高在情人塞加托里的铃鼓咖啡馆里举办了一场日本版画展，展品均是凡·高及其友人的私人收藏。同年，皮埃尔·洛蒂在法国出版了日本题材的小说《菊子夫人》，并风靡一时。

早在 1885 年，还在安特卫普港区时，凡·高就对日本艺术产生了兴趣："我经常在这里散步，探索海滨。对于一个来自荒野及乡村的人来说，海滨的景象有些陌生，因为我熟悉的是宁静且永恒的乡村，而这里的海面上弥漫着深不可测、不断变化的迷雾……这样的风景有着令人难以置信的充裕，我想这应该是典型的日本景象。"在另一封信中，凡·高写道："目前，我在画室里感到舒适无比，四周放置着我心爱的日本艺术藏品。你一进门就能看见小巧精致的木刻，其中有在花园里或海边的女人，还有一些以骑兵、花朵和山楂树枝条为主题的版画。"

在法国的米迪，凡·高开始疯狂地迷恋日本艺术。在凡·高的眼里，法国东南部地区完美地呈现了他对远东的向往："我喜爱日本艺术，而且我认为所有的印象派画家都受到了日本艺术的熏陶。虽然我们中的大多数还没有真正前往日本，但是米迪对我们来说就是心目中的日本。我相信日本艺术代表了当代艺术的整个未来。"

日本艺术中蕴含的精神也深深地吸引着凡·高："一个富有哲思的聪颖之人经常会坐在原地，一动不动。你认为他在做什么？虚度时间吗？研究地球和月球之间的距离吗？都不是！他正对着一棵小草沉思。久而久之，这位哲人便会开始描绘植物，随后是季节、风景、动物，最后会是人……如果一个人沉浸在日本艺术之中，那他一定会越来越快乐。尽管我们都接受世俗的教育，并生活在一个传统的世界里，但我们迫切需要回归自然。"

日本艺术的影响

光明之路

《自画像》
Self-Portrait
现收藏于法国巴黎奥赛美术馆

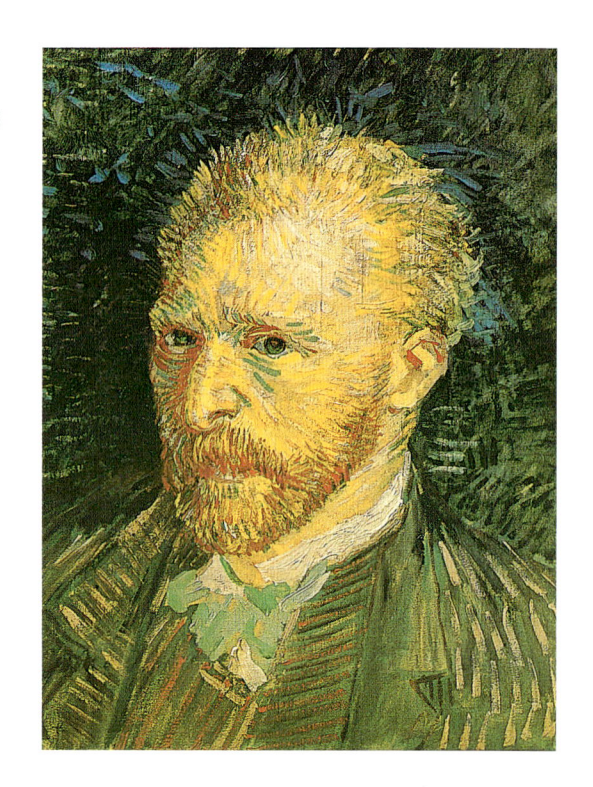

自画像

Self-Portrait

　　凡·高的自画像始终给人一种"一个人注视着镜子里的自己"的印象，仿佛画中的凡·高正在试图破译自己的面部信息。究竟凡·高最终会摘下自己的面具，还是与不可挽回的年龄和狂暴的时间斗争到底？凡·高仅仅是在试图捕捉一种永恒的一瞬吗？难道凡·高就像当代的那耳喀索斯（希腊神话中河神与水泽女神之子，疯狂迷恋自己在水中的倒影）一样，深深迷恋于自己的画像吗？除了复杂的心理因素，凡·高一次又一次描绘自己那张饱经风霜的脸，因为他很难找到愿意为他摆造型的模特。

　　自画像中的凡·高常常板着脸，却也流露出强烈的自尊心。一幅幅自画像就像是一系列坦诚的自我宣言。自画像中会同时出现两个凡·高：一个凡·高深知自己毫无吸引力可言，只是一个由孤独和拒绝构成的个体；另一个则是自视甚高、性格暴烈、胸怀广阔却勇于打破传统的天才艺术家。无论在生活还是在艺术中，凡·高都从不走寻常路，因此肖像画的绘画传统显然无法满足他探索极限的野心。

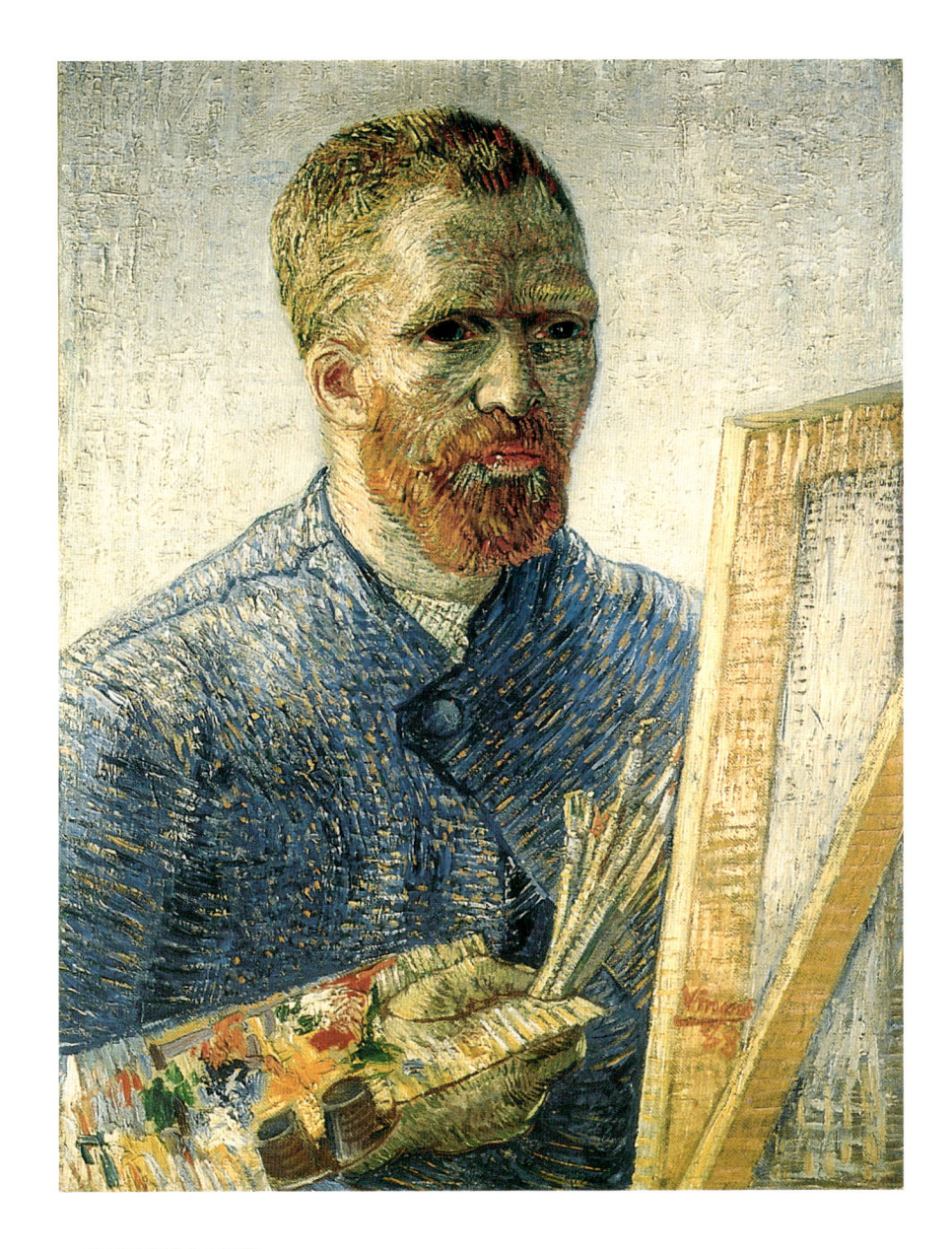

《画架前的自画像》
Self-Portrait with Easel
现收藏于荷兰阿姆斯特丹的凡·高博物馆

凡·高很少在画架前创作自画像。总的来说，除了眼中流露出的痛苦，他不喜欢在画面上呈现任何个人生活状态。

光明之路

《戴毡帽的自画像》
Self-Portrait with Felt Hat
现收藏于荷兰阿姆斯特丹的凡·高博物馆

"帽子"作为一个独特的意象频繁地出现在凡·高的画中。这反映了凡·高对其真实社会身份的深深质疑。

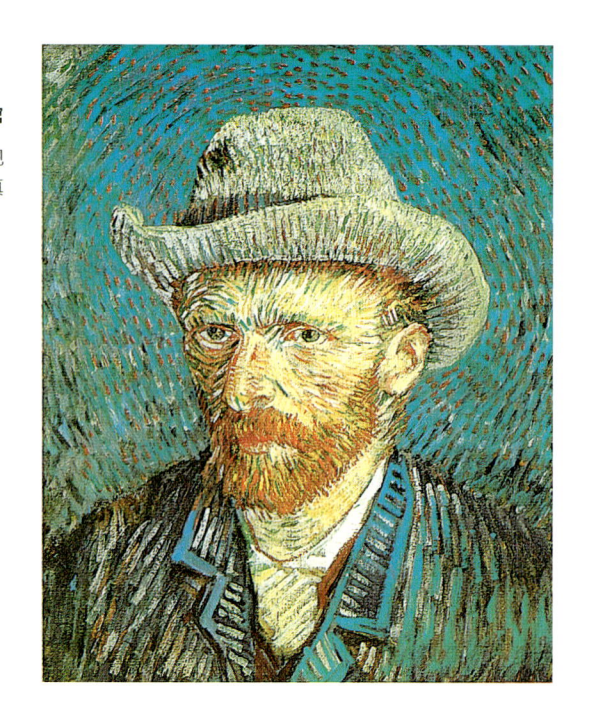

在早期的自画像中，凡·高的笔触厚重、色彩暗淡。画中的他身着传统服装，呈现出资产阶级的市民形象。随着时间的推移及画技的精进，凡·高自画像中的色调渐渐明亮起来，笔触也变得更加自由。1887 年，宽边草帽成为在户外作画时必备的防晒工具，风靡一时。在《戴毡帽的自画像》中，凡·高穿着一件贴身的夹克，看不出任何画家的影子。整幅画以黄色为主色调，但色调柔和，充满了凡·高式不屈不挠的精神。

在米迪期间，凡·高的笔法变得更迅捷，画笔在画布上飞驰，只见那些盘旋的线条、扭曲的阿拉伯式花纹在画布上迸发。在短短的几个月时间内，凡·高就像是一位脱胎换骨的艺术家，一改以往的绘画手法。但是，凡·高的自画像似乎没有太大的改变，他的头部和上半身仍呈现出一种僵硬的感觉。后来，凡·高脸上的北欧人特征愈发明显，他的穿着也愈显反叛。最终，凡·高的自画像风格也完成了一次蜕变。

在后期的自画像中，凡·高逐渐展现了本身的面目——一个高傲、充满极端理想主义、永远不愿妥协的个体。可以说，凡·高用内心的激情火焰点燃了艺术的生命。凡·高的自画像潜移默化地发生了变化，这反映了艺术与生活之间的紧密联系。随着时间的推移，凡·高创造力持续增长，势不可挡，直到 1890 年 7 月的一个下午，一支手枪在寂静的麦田里爆发出了致命的回响。

自画像

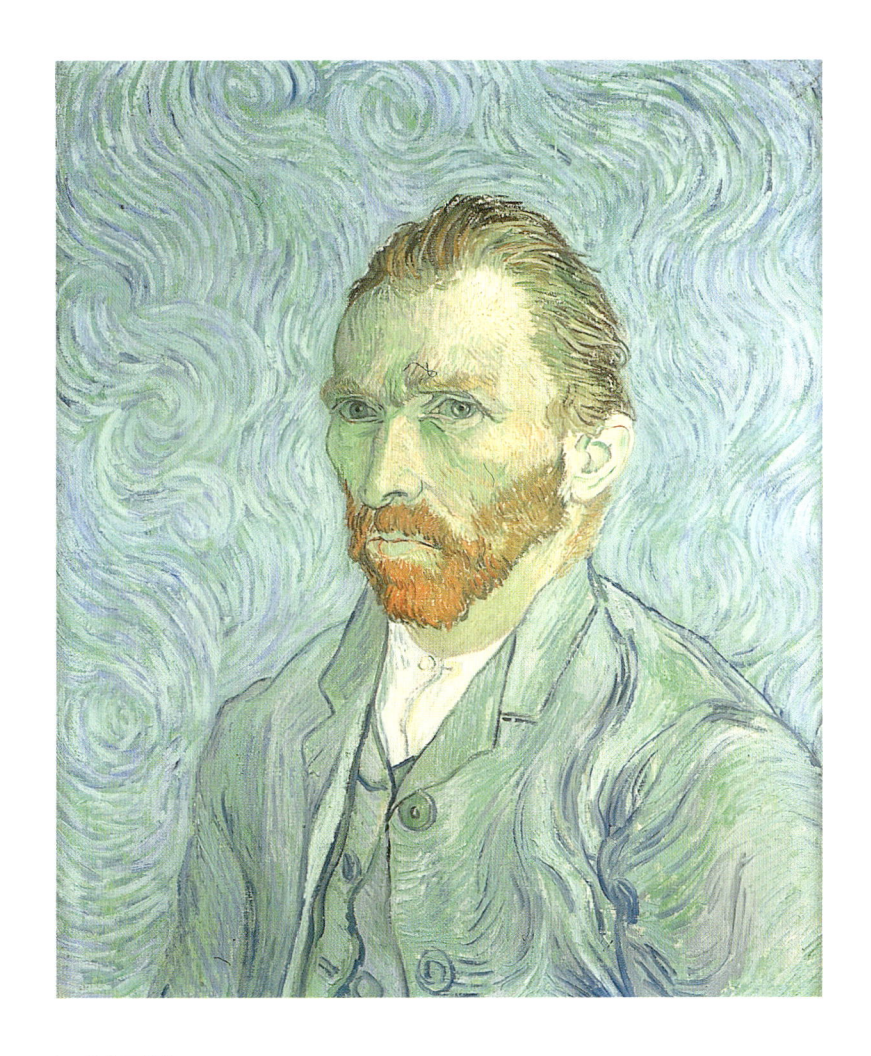

《自画像》
Self-Portrait
现收藏于法国巴黎奥赛美术馆

在这幅画中,凡·高身后的背景就像一片被激情点燃的风景。凡·高似乎隐隐约约地感觉到,自己正在一步步走近前方的致命时刻。

  1888年1月,凡·高完成了《画架前的自画像》;2月,他从巴黎搬到阿尔勒;8月,他又完成了一幅稍显拘谨的自画像。1889年,凡·高创作了那幅悲惨的《割耳后的自画像》,18个月后凡·高不幸离世。

光明之路

《母亲的画像》
Portrait of the Artist's Mother
现收藏于美国诺顿-西蒙博物馆

凡·高很少为直系亲属绘制画像，因此这一幅《母亲的画像》极为罕见。

普通人的庆典

The Celebration of the Common Man

在给提奥的信中，凡·高透露想要通过艺术自力更生。他的想法是专职为顾客绘制肖像画，以此赚取一些微薄而稳定的收入来维系自己的生活。

凡·高的常客大多是来自中上流社会的资产阶级，拥有可观的财产、得体的装扮以及良好的社会地位。肖像画对他们来说，是一种对生活品质与社会地位的象征及证明。凡·高曾在信中向弟弟描述这些常客的穿着："每次他们前来时都身着盛装。我曾仔细观察他们的膝盖、胳膊肘、肩膀及衣服上的任何部位，竟然丝毫挑不出褶皱和隆起。"

一段时间后，凡·高再也无法忍受顾客们的挑剔和要求，更重要的是他无法忍受肖像画中的造作氛围。这些肖像画往往描绘了一种高度理想化的个人形象及社会地位，很少会揭示对象真实的内心。当时，即使是最新潮的摄影肖像画家，也会通过彩色背景和配饰为顾客打造出理想的尊贵氛围。

《阿莱的基诺夫人》
The Arlésienne
现收藏于法国巴黎奥赛美术馆

基诺夫人是一家火车站咖啡馆的女老板。初到阿尔勒时,凡·高就下榻在她的咖啡馆中。那一时期,基诺夫人的家人经常出现在凡·高的肖像画中。

光明之路

《卡米尔·鲁兰的画像》
Portrait of Camille Roulin
现收藏于荷兰阿姆斯特丹的凡·高博物馆

评论家奥克塔夫·米尔博曾这样点评凡·高："他似乎能一眼看穿可怜的疯子和病友，直接捕捉到他们眼中的悲伤、未知与神圣。"如果米尔博看到了这幅画，也许会再补充一句：凡·高还能表达出一个孩童的纯真。

然而，凡·高一心想在画面中揭示真实的内在。此外，凡·高的性格及其待人接物的方式很容易令人不快，导致一大批潜在客户望而却步。不过，当一些普通人来到凡·高的画室时，凡·高终于在自己的画作中找到了久违的真实感，他说："我希望当我在画一个农民时，我的画中就会出现一个农民；当我在画一个妓女时，我的画中就会出现一个妓女……我越来越坚信，比起简单地捕捉对象的外貌特征及细节，保持绘画主题的整体性更加重要。"

凡·高认为自己开创了一种全新的肖像画创作方法，并给出了充足的理由："从表面上看，描绘农民、拾荒者和工人非常简单，但实际上描绘这些普通人是最困难的。据我所知，没有一所学校会教授学生如何画播种者、松土的农民、将水壶挂在炉边的女人或女裁缝。"

普通人的庆典

《摇篮曲》(又名《鲁兰夫人》)
La Berceuse (Madame Roulin)
现收藏于荷兰阿姆斯特丹的凡·高博物馆

与为唐吉绘制的肖像画相似,凡·高将模特置于自己创作的极具个性的背景下。

光明之路

《佩兴斯·埃斯克利耶的画像》
Portrait of Patrice Escalier

斯塔弗洛斯·尼阿科斯私人收藏

在这幅画中,凡·高用充满活力的笔触描绘了一位拄着拐杖的老人。老人若有所思,眼神中透露出一丝忧郁。

　　凡·高十分抗拒在画作中描绘资产阶级及其生活,他说:"我经常发现女仆比贵妇更迷人、更美丽,工人比绅士更有趣。这些普通人身上的独特性,成为我绘制肖像画的动力和能量。我用坚定的笔法和简单的技巧来捕捉普通人的特征。"凡·高对那些普通人有着与生俱来的同情,并渴望走近他们的生活。荷兰和比利时的农民及阿尔勒的工人都曾当过凡·高的绘画模特。凡·高先后为很多普通人作画,其中包括日本姑娘、鲁兰一家、轻步兵、基诺夫人、医生费利克斯·雷伊等。凡·高在画布上尽情发挥自己的天赋,精心构筑背景,捕捉人物最生动的神态,细致入微地刻画这些普通人隐秘的灵魂。

普通人的庆典

《中尉米勒特的画像》
Portrait of Milliet, Second Lieutenant of the Zouaves
现收藏于荷兰阿姆斯特丹的凡·高博物馆

正是基于对人类的爱，凡·高曾渴望成为一名传道者。可惜的是，这一梦想破灭了，于是凡·高将对同胞的热爱转移到自己的艺术中。凡·高笔下的人物总是与他本人意气相投，都是有着真实性格的普通人。虽然凡·高个性强硬、决不妥协，但他的态度始终是真诚、温和的。

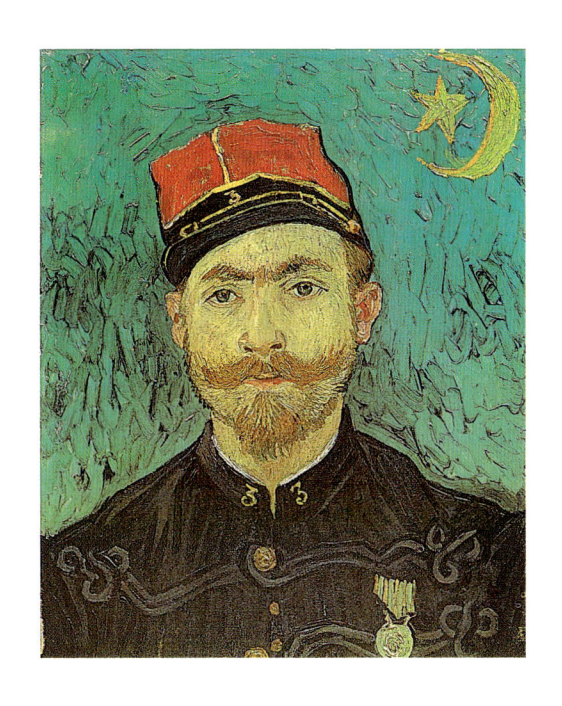

《邮差鲁兰》
Roulin the Postman
现收藏于美国波士顿艺术博物馆

在凡·高的画像中，所有的人物都是他喜爱的谦卑之人。凡·高本人也从来没有摒弃年轻时的谦卑。他对普通人的关心诚挚而慷慨，并且尊重他们的内在尊严。

光明之路

《轻步兵》
The Zouave
现收藏于荷兰阿姆斯特丹的凡·高博物馆

"人的表情最容易触动我的心灵……最重要的是，人们的表情是千变万化的。"在这幅画中，除了描绘制服，凡·高还揭示了轻步兵的内心世界。

  在为普通人作画时，凡·高的态度总是谦逊友善的。在他笔下，这些普通人看起来温暖、人性化、诚实，而且带有强烈的个人色彩，如充满激情的阿戈斯蒂娜·塞加托里、温厚平和的唐吉老伯、神情疲惫的加歇医生、天真却又自傲的邮递员鲁兰以及他那沉默不语的儿子。

  凡·高的肖像画可谓是返璞归真，让人不禁联想到伟岸庄严的宗教人物。画中平凡的普通人似乎是永恒的存在，凡·高在画布上没有使用任何喧宾夺主的技巧，也没有采用任何的掩饰与美化，纯粹地展现了一个个普通人无与伦比的内心世界及一览无余的灵魂。如果从画中人物的表情里找到一丝满足或愉悦，那无疑是端坐在凡·高的画架前产生的乐趣。

普通人的庆典

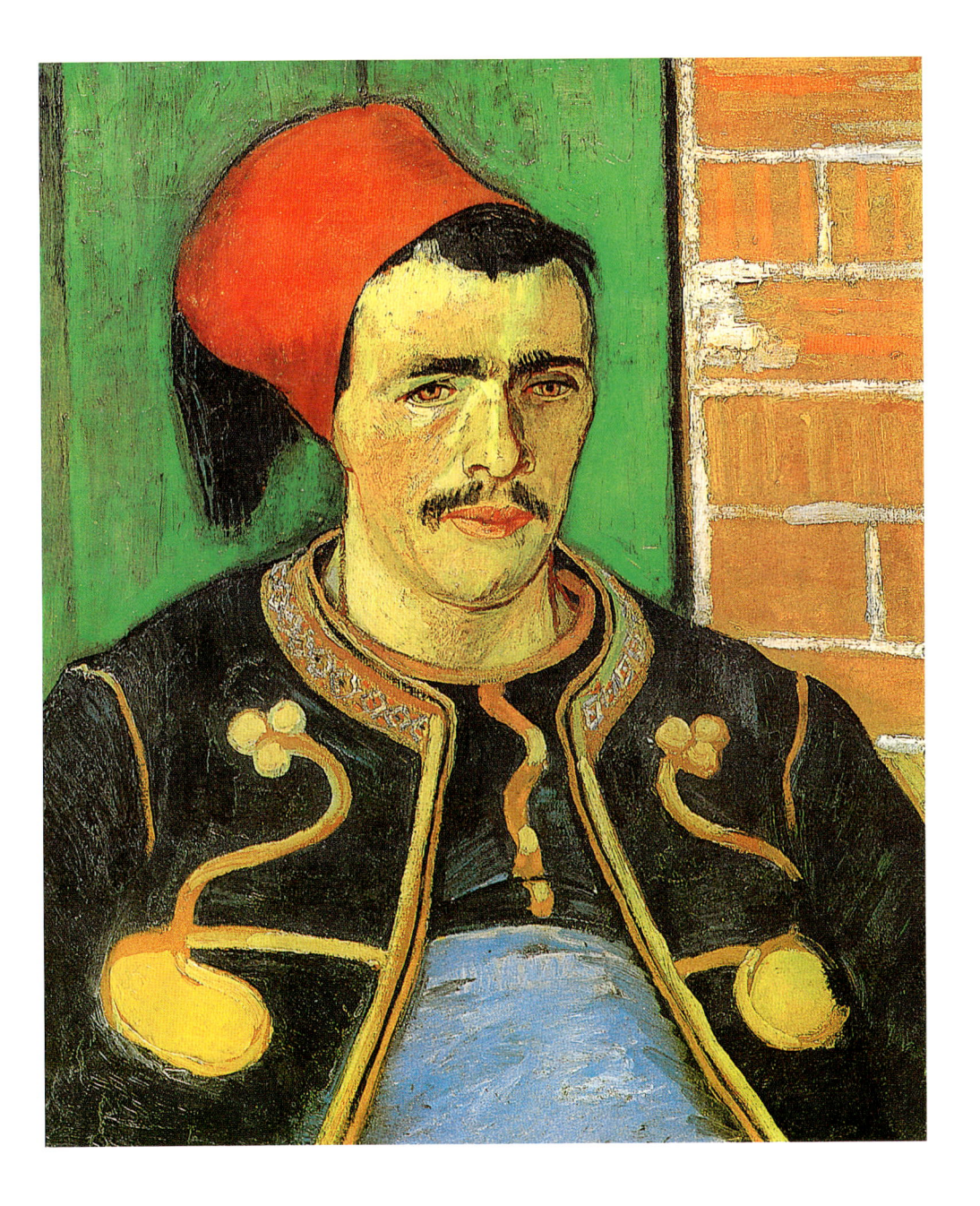

光明之路

《圣玛利拉莫的景色》
A View of Saintes-Maries-de-la-Mer
现收藏于荷兰阿姆斯特丹的凡·高博物馆

在圣玛利村庄期间，凡·高用坚定的笔触生动地还原了当地迷人的风采，绘制出好几幅精妙绝伦的风景画。

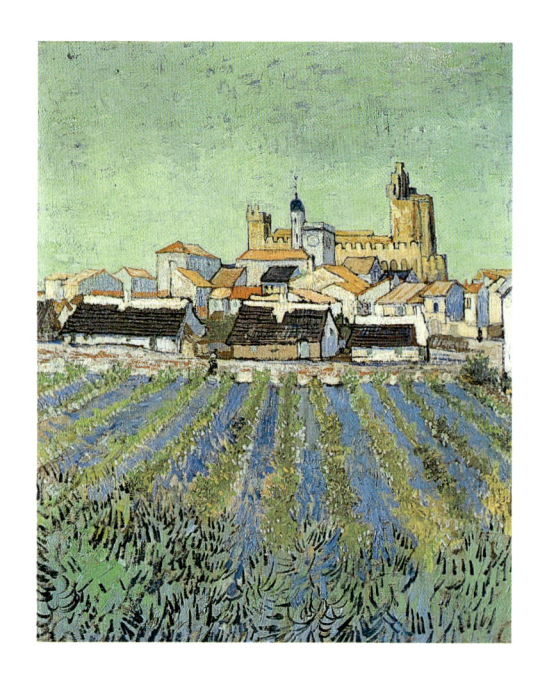

宁静与危机

Tranquillity and Crisis

在巴黎的日子，凡·高精疲力竭。1882年2月20日，凡·高走下火车，踏上一片"蓝灰色土地"，此时城市的喧嚣还在他的脑袋中嗡嗡作响。

在抵达法国南部之前，凡·高对自然的印象仍停留在德伦特省单调的灰色风景中。后来，鲁本斯与一些印象派画家的画作引发了凡·高在色彩方面的觉醒，但他并没有直接沿用印象派画家的常用色调，而是自己摸索出一套符合自身风格的配色体系。凡·高满心欢喜地前往阿尔勒，兴奋地布置黄房子里的房间，对未来充满憧憬。以上种种都表明凡·高的人生观发生了一些深刻的变化。

一直以来，凡·高最大的心愿就是创建一个艺术家社团。阿尔勒似乎为他提供了将梦想变为现实的可能性。凡·高曾先后邀请高更、图卢兹-罗特列克、埃米尔·伯纳德和安克坦前来同住。最终，只有高更应邀前来。然而，此后的事实证明，哪怕只是与凡·高短暂地生活在同一屋檐下，结局也注定会是灾难性的。2月，白昼的时间逐渐变长，似乎在预示着普罗旺斯明媚阳光的回归。春天早早来到了米迪，杏花、樱桃花、杏花、梅花、梨花和苹果花也相继绽放，呈现出生机勃勃的景象。米迪的美景给凡·高留下了深刻的印象，他曾这么说道："这里的光线清晰绚丽，就像日本一样美丽。一条条翠绿色或蓝色的河流，让我联想到彩色丝带上的褶皱。太阳西下，光线从炫目的黄色逐渐变成了浅橙色，照射在大地之上，整片风景中又出现了一些蓝色的倒影。"

宁静与危机

《朗洛瓦桥》
The Bridge at Langlois
现收藏于荷兰奥特洛的库勒-姆勒博物馆

画中的桥是阿尔勒当地的标志性建筑之一。在这幅画中,凡·高成功地捕捉到当地强烈且明媚的阳光。正是在这样的阳光下,整座桥独特的木质框架一览无余。

  随着季节的更迭,米迪的光线愈加明亮,凡·高的绘画节奏也逐渐加快:"我将颜料涂抹在画布上后,便再也不管不顾。画布上,有些区域的颜料很厚实,另一些区域的颜料则很稀薄。我的笔触变得既快速又直接……"

光明之路

《蔬菜农场》
Market Gardens
现收藏于荷兰阿姆斯特丹的凡·高博物馆

这幅画展示了农场的巨大全景，起伏的远景向前递进，一直延绵到蔚蓝的地平线。在田野中，可以看到正在辛勤劳作的农民及他们的房屋。

不到一个月，凡·高就完成了15件作品。这些画作展示了米迪当地明媚的阳光。在描绘光线时，凡·高采用笔直且有力的画法，反映出日本艺术对他的熏陶。除此之外，凡·高还尝试了点彩画法，但他从未被任何风格及传统限制，总是以独立、不妥协的方式将新的技法融入自身的风格之中。凡·高的创作力因此也得到了前所未有的解放。凡·高在这一时期的作品呈现出一种焕然一新、不同以往的自发性和愉悦感。

为了节省颜料和画布，凡·高就像他非常敬仰的日本艺术家一样，经常会使用削尖的芦苇和各种颜色的墨水作画。

为了探索更多的绘画素材，凡·高走进阿尔勒周边的乡村。在蒙马儒的高地上，凡·高描绘了广阔的乡村全景和起伏的麦田。也许是为了弥补简陋粗糙的绘画工具所造成的绘画效果，凡·高选择的绘画题材和画幅都非常宏大。经过细致的观察，凡·高进行了巧妙的空间布局，将整个画

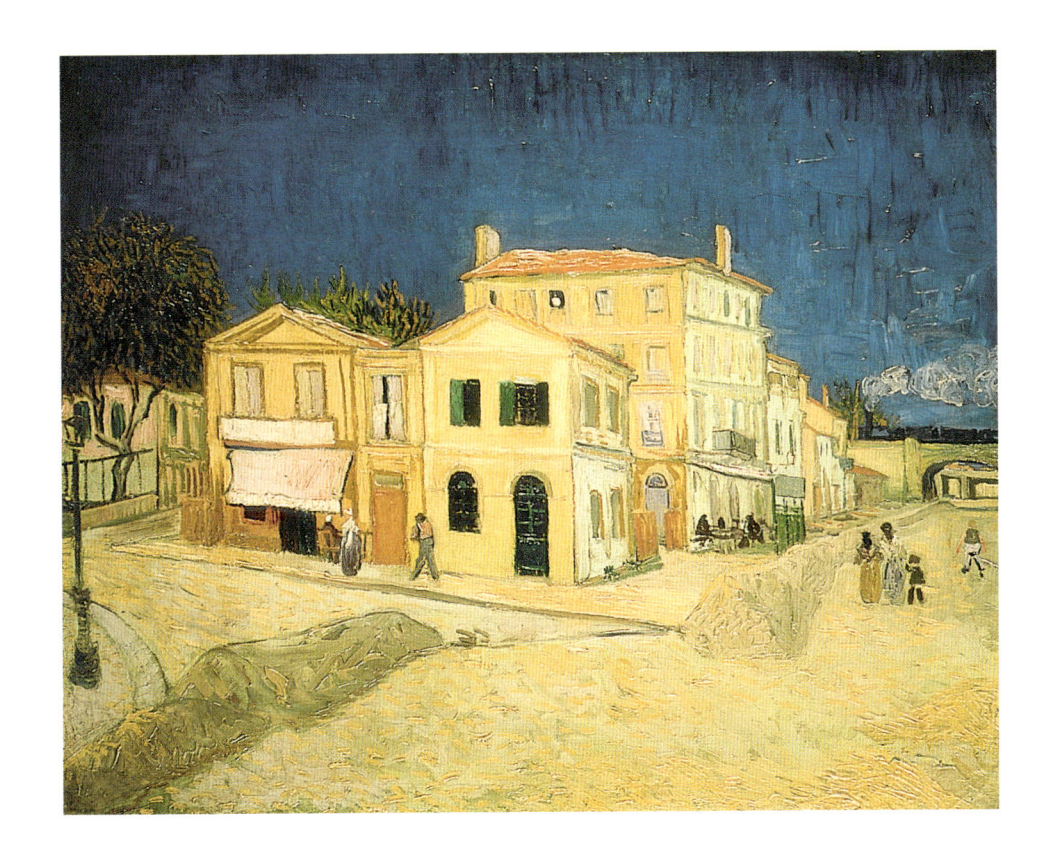

《黄房子》
The Yellow House
现收藏于荷兰阿姆斯特丹的凡·高博物馆

1888年6月,凡·高在黄房子租下四个房间,并计划在这里成立一个类似于艺术家社团的"米迪画室"。高更是应邀前来的第一位艺术家。然而,黄房子并没有给凡·高带来任何宁静与稳定,他甚至在这里割下了自己的耳朵,并因此不得不入精神病医院接受治疗。这一切都象征着凡·高美好理想的幻灭。

面拆解为一个个分区及一系列连贯的离散点,并采用了类似于荷兰风景画黄金时代的绘画手法,赋予脚下这片引人入胜的绵延景色极具独特的广阔视野。

  通过极大的耐心和艰苦的努力,凡·高发展出一种基于"点"与"阿拉伯式花纹"的风格语言,既表达出了现实的永恒,又展现出了人类活动特定的瞬间。对凡·高而言,绘画的时光是生活中难能可贵的安详时刻,可以帮助他远离痛苦与折磨,正如亨利·米肖所说:"在那些日子里,我迷失在地平线无边无际的双臂之中。"

光明之路

《石膏雕像和书籍》
Plaster Statuette and Books
现收藏于荷兰奥特洛的库勒-姆勒博物馆

在这幅静物画中,凡·高采用了从斜上方俯瞰的视角,石膏雕像和书籍这两件原本毫无关联的物品被看似随意地摆放在一起,却并不突兀。凡·高巧妙地运用构图及透视关系,将两者结合在一起。从象征意义上看,这两件物品都是艺术家对自身生活的诠释。

客观世界

The World as Object

回到阿尔勒后,凡·高再次开始创作静物画与室内场景画。一幅幅画作一路见证了凡·高的一生,从早期的暗黑忧愁到后期的明亮鲜活,直至最终的死亡。

黄房子中的房间如同僧侣的禅房般简陋,其中只摆放着几件必备的家具——一张窄小的床、两把椅子及一张花纹点缀的桌子。房间里唯一的装饰品便是凡·高心爱的绘画作品。

房间里的所有家具都毫无装饰性可言,就连那两把椅子也属于纯粹的实用性家具:椅子的框架由粗糙的木头组装而成,坐垫则由柔软的稻草编织而成,看起来十分蓬松舒适。

在作品《永恒之门》中,座椅上的老人就像孕妇肚中的胎儿一样弯着腰,双手抱膝,孤独而沉默。老人似乎已经抵达了生命的尽头,正默默等待着死亡的到来。这幅画仿佛是凡·高日常生活的真实写照,有力地诉说了艺术家内心深处的恐惧。

搬入黄房子后不久,凡·高便绘制了一幅与众不同的静物画《杯子和咖啡壶》。这幅作品蕴含着凡·高对崭新生活的美好期望,他终于得到了一小片属于自己的宁静天地,可以在其中安心创作了。

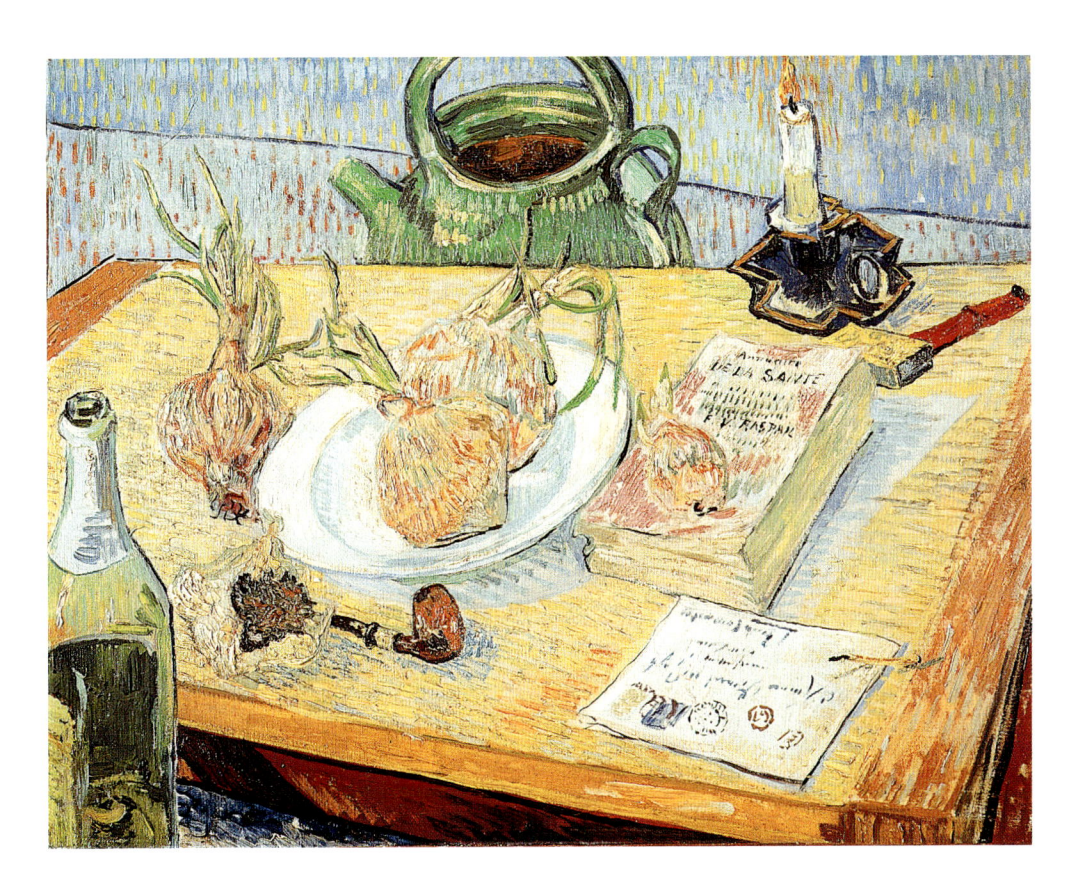

《画板和洋葱》
Drawing Board and Onions

现收藏于荷兰奥特洛的库勒-姆勒博物馆

在描绘这些日常物品时,凡·高反复使用俯瞰的视角,似乎想要向大家展现自己的生活全貌。观赏者可以顺着画中的视角,尝试解读那些物品的内在含义。值得注意的是,这幅画是在凡·高精神崩溃不久后完成的,因此画板上有一本关于健康方面的书籍。

光明之路

《永恒之门》
On the Threshold of Eternity
现收藏于荷兰奥特洛的库勒-姆勒博物馆

这或许是凡·高最具有力量，也最悲壮的画作。画中的人物形象不禁让人联想到著名雕塑家罗丹的作品《思想者》。画作中那种"平静的绝望"与陀思妥耶夫斯基小说中的世界产生了某种共鸣。

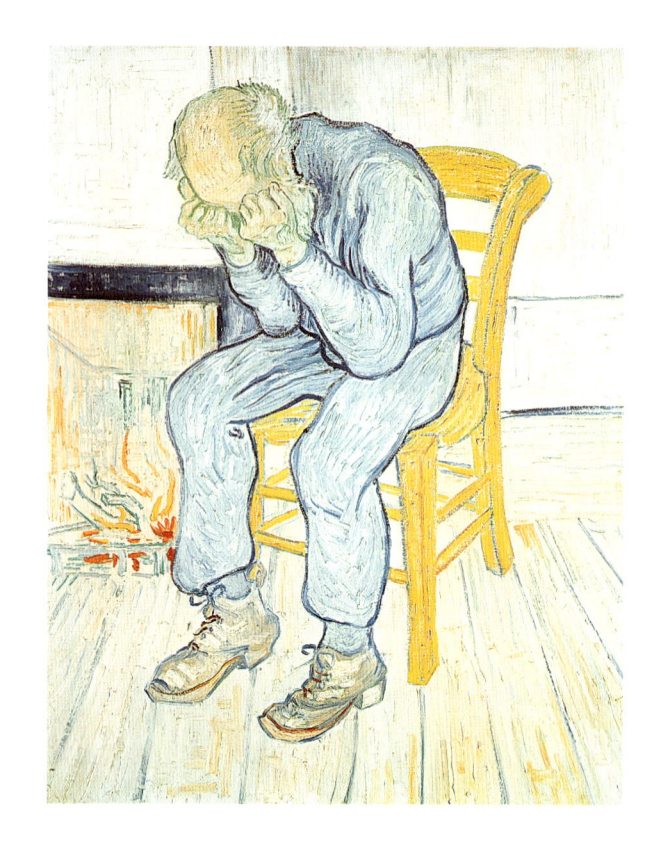

早年在荷兰时，凡·高的静物画常常取材于当地的常见物品，其中包括木屐、烟斗、洋葱、碗、水壶及一些朴素的饭菜。但即便如此，从凡·高的画中仍然可以看出他对日常生活细致入微的观察及见解。

随后，凡·高在写实的基础上逐步融入象征性元素，为自己的静物画增添了新的含义。凡·高没有像塞尚那样将物品的表象特征提炼为更抽象的几何元素，而是顺应大流，通过静物画来歌颂大自然的力量，赞美富饶的大地。

鉴于早期对植物学的浓厚兴趣，凡·高的许多花卉作品都充满着生机与活力。除此之外，凡·高还喜爱绘制日常生活中的普通物品，如照亮夜晚的烛光、每日寄给提奥的信件、烟草与烟斗、简单的饭菜及读过的书。这些凡·高身边的小物不仅见证了凡·高夜以继日的孤独，还影射了凡·高清苦的一生。

《凡·高在阿尔勒的房间》
Vincent's Room in Arles
现收藏于荷兰阿姆斯特丹的凡·高博物馆

无论是布置还是描绘这个房间,禁欲主义的凡·高始终没有放过任何一个小细节,整个房间都充盈着修道院般的清冷气氛。这也反映了凡·高对朴实无华的真实性的追求。

    画作中出现的都是凡·高平时阅读的书籍:1885年,凡·高在荷兰创作了《翻开的圣经》;在静物画《书籍》中出现了莫泊桑的《漂亮朋友》及龚古尔兄弟的《热尔玛妮·拉瑟特》;在《阿莱的基诺夫人》中出现了狄更斯及斯托夫人的作品;在巴黎创作的静物画《三本书》中出现了龚古尔兄弟的《少女爱丽莎》、让·黎施潘的《勇敢的人》及左拉的《妇女乐园》。这些书籍也出现在凡·高与别人的通信中。

光明之路

《夜间的露天咖啡馆》
The Café in the Evening
现收藏于荷兰奥特洛的库勒-姆勒博物馆

当时,很少有画家会描绘夜晚的场景(安克坦可能是第一位这么做的画家)。凡·高采用一种极其个性化的表现方式将现实瓦解成一系列抽象的符号,表现出了一个略显凄凉的夏日夜晚。

咖啡公社

Café Society

　　咖啡馆是 19 世纪社交生活的中心,在人们的感情生活中有着举足轻重的地位:一方面,人们的生活习惯、日程安排都与咖啡馆有着千丝万缕的联系;另一方面,无论是不期而遇,还是赴约相见,咖啡馆都是不二选择。咖啡馆的名声完全由围桌而坐的客人决定:许多作家经常前来光顾,一些画家也热衷于描绘咖啡馆的内饰。马奈、德加及卡勒波特都曾用画笔捕捉咖啡馆内热闹非凡的场面。实际上,在咖啡馆中,不仅有朋友相会、家人团聚,也有形单影只的客人,客人决定了咖啡馆的氛围。

　　凡·高除了待在寄宿公寓和出租房屋里,也经常在各大咖啡馆出没。他在画布上描绘咖啡馆的空虚、绝望般的孤独:"在绘制《夜间咖啡馆》时,我将咖啡馆表现为一个可以自生自灭、发疯甚至犯罪的地方……一切都像地狱中的光景,那炫目的黄光就像一根沉重的铁棒,轻易就能将人击晕……"

咖啡公社

光明之路

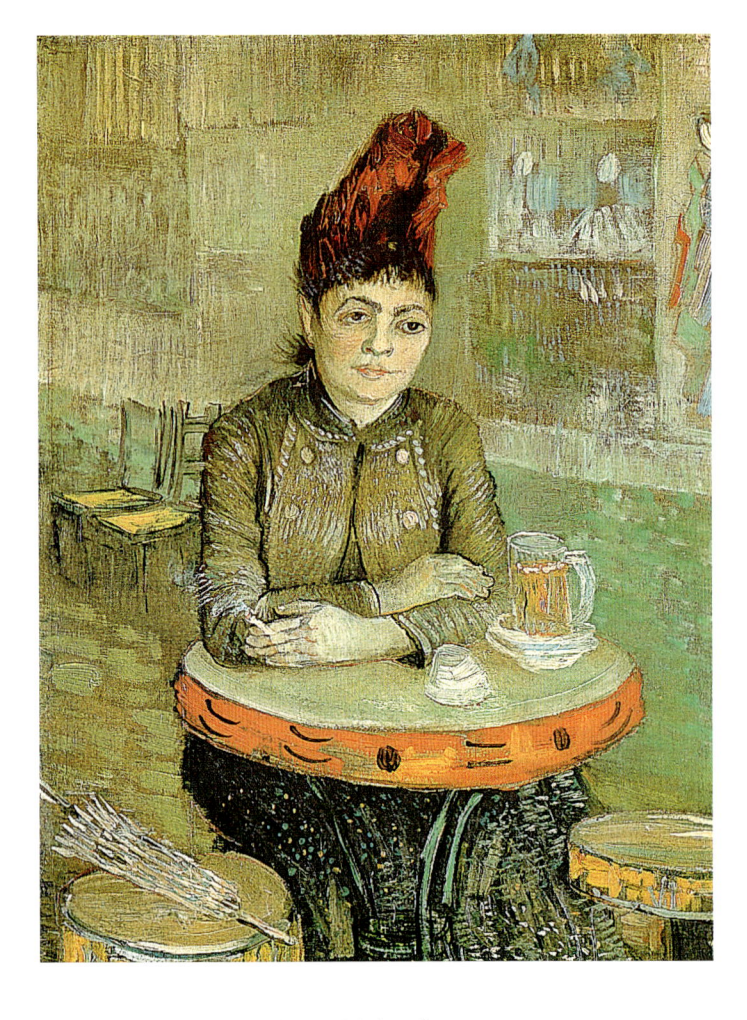

《铃鼓咖啡馆的阿戈斯蒂娜·塞加托里》
Agostina Segatori at the Tambourin Café
现收藏于荷兰阿姆斯特丹的凡·高博物馆

画面中的女人阿戈斯蒂娜·塞加托里既是这家咖啡馆的老板,也是凡·高的情人。凡·高曾多次在铃鼓咖啡馆举办展览。

同样的表现方式也出现在了凡·高于1887年夏天在巴黎绘制的《餐厅内景》中。画面中,凡·高用点彩派的手法点亮了朴素的大厅,营造出一种手术室般灯火通明的氛围。餐厅已经做好了接待食客的准备,每张桌子上都摆放着花束,但整个大厅内空无一人。

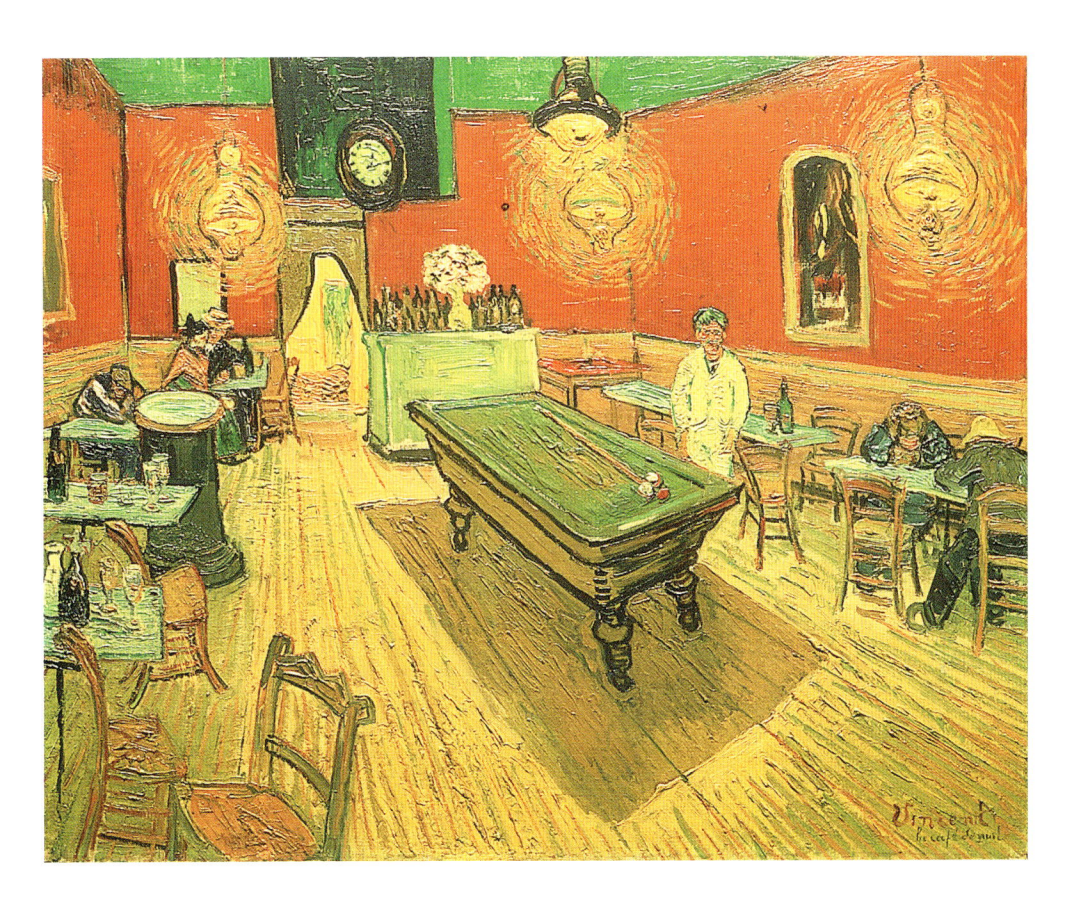

《夜间咖啡馆》
The Café at Night
现收藏于美国耶鲁大学美术馆

作为咖啡馆的常客,凡·高对咖啡馆大厅有力的描绘往往蕴含着激烈的情感与无法抑制的哀伤。大厅内喧闹的气氛反衬出凡·高被社会抛弃的孤独和绝望。

光明之路

《阿尔勒的美人鱼餐厅》
La Sirène, Restaurant at Asnières
现收藏于法国巴黎奥赛美术馆

凡·高经常沿着塞纳河前往巴黎的郊区，享受那里尚未被城市化完全侵蚀的半乡村环境。这幅画描绘的便是塞纳河畔附近的美人鱼餐厅。

　　凡·高也描绘过阿尔勒的夜间咖啡馆人满为患时的场景，但画面中仍然充斥着同样孤独、空虚的氛围。《夜间咖啡馆》描绘了咖啡馆的内景，夜晚的咖啡馆仿佛成了无家可归者的避难所，客人看起来冷淡、沉默、阴沉。类似的凄凉气氛也出现在《夜间的露天咖啡馆》中，咖啡馆白天的热闹氛围不复存在，只剩下分开的情侣、颓败的生活及痛苦的遭遇。

《餐厅内景》
Restaurant Interior

现收藏于荷兰奥特洛的库勒−姆勒博物馆

作为一个居无定所的单身汉,凡·高经常光顾一些普通餐馆,这幅画中的餐馆便是其中之一。
值得一提的是,凡·高采用了点彩画的技巧,呈现出一个简单却又迷人的大厅场景。

光明之路

《向日葵》
Sunflowers

现收藏于英国伦敦国家美术馆

在凡·高的画布上，普通的向日葵绽放出所有的华丽及胜利的荣耀，成了太阳的象征。

失乐园：米迪画室

Paradise Lost: l'Atelier du Midi

在与提奥的通信中，凡·高曾多次表达自己想要组建一个艺术家社团的心愿。搬进阿尔勒的黄房子后，凡·高认为时机已经成熟，便热情地邀请其他艺术家前来做客，并为他们准备了房间。几经周折后，高更应邀前来。然而，凡·高与高更的相处既短暂又悲惨，两人的深厚友谊甚至也因这次同住而破裂，这无疑让凡·高本就不稳定的精神状况雪上加霜。

1888年10月23日，高更来到黄房子。为了迎接高更的到来，凡·高以太阳为主题，精心地布置和装饰了朋友的房间。然而，没过多久，凡·高的态度就变得冷淡下来，那些象征着太阳的装饰也逐渐失去了原来的意义。

这种疏离很大程度上源自两人截然相反的绘画方式。长久以来，高更受到分隔主义的熏陶与启发，习惯用少量的颜料精确地完成上色。然而，凡·高的绘画方式自成一派，完全与高更对立。凡·高在作画时通常会使用大量的原色颜料，大面积地在画布上涂抹。这种特殊的创作方式遭到了高更的严厉批评。

失乐园：米迪画室

《阿尔勒的公园入口》
Entrance to the Public Gardens in Arles
现收藏于美国华盛顿菲利普斯收藏馆

在这幅画中，由树枝构成的通道营造出一种令人窒息、幽闭恐怖的氛围，代表着凡·高内心深处的触动与不安。画面中的每一个人物都处于相互孤立的状态，沉默不语，反映了凡·高自身的孤独。

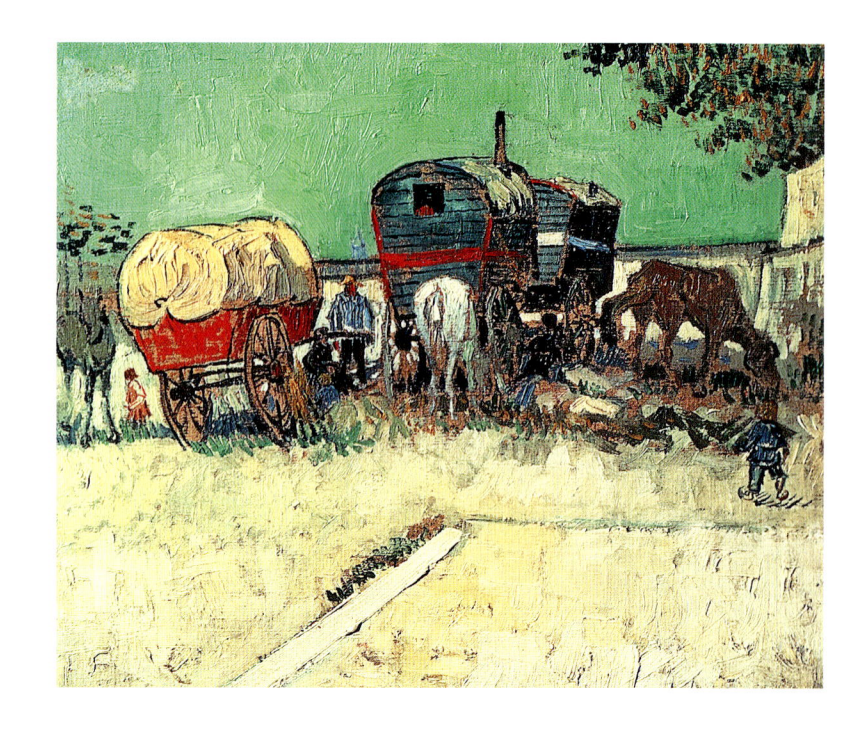

《吉普赛大篷车》
Gypsy Caravans
现收藏于法国巴黎奥赛美术馆

画面中这些永远在路上的旅行者深深地吸引着凡·高，因为他自己也是一个孤独的流浪者。

　　两人的冲突让凡·高痛苦不已：一方面凡·高被高更的独裁性格征服，另一方面他却时刻担心高更的离开。为了不再惹恼高更，凡·高甚至努力将高更的美学原则融入自己的画作中，并创作出了《阿尔勒的长廊》《埃滕花园的记忆》《舞厅》等作品。与此同时，凡·高还临摹了高更带来的阿旺桥派画家埃米尔·伯纳德的作品《绿色草原上的布列塔尼女人》。

　　在给提奥的信中，凡·高写道："伯纳德是一位才华横溢的年轻画家，虽然只有 20 岁，却极具创意。他致力于在作品中表现出优雅的动态及生动的色彩魅力，从而重现希腊或埃及艺术的魅力。"

失乐园：米迪画室

《塔拉斯孔的驿马车》
The Tarascon Coach

现收藏于美国纽约亨利和罗斯·珀尔曼基金会

在这幅画中,凡·高使用了极度精确的笔触,证明了自己对画面的控制力以及真实再现事物的能力。

光明之路

《圣玛利拉莫海滩的渔船》
Boats on the Beach of Saintes-Maries-de-la-Mer
现收藏于荷兰阿姆斯特丹的凡·高博物馆

> 大海的呼唤与其说是一种发现,不如说是一种对内心深处欲望的证实。与兰波和高更一样,凡·高对遥远的地平线也有着无限的向往。凡·高虽然拥有远大的理想,但又无能为力,只能成为一个对自身梦想冷眼旁观的人,就像这些停驻在岸上的船只,等待一场永远不会到来的浪潮。

　　这封信反映了凡·高对阿旺桥派的浓厚兴趣,表达了他愿意尝试新风格的意愿;但在另一方面,这封信意味着凡·高开始怀疑自己的绘画风格。凡·高唯一可以确定的可能就是他在作品中投入的情感——他的绘画风格最重要的部分便是对内在情感需求的宣泄,以及超越任何流派、高度个人化的视觉感受。

　　随着时间的推移,凡·高与高更的艺术分歧越来越大,两人陷入了无休止的争吵,再也无法共同生活与创作。高更对自己推崇的艺术真理无比笃定,并且认为凡·高还无法领悟他的理念。而凡·高则一意孤行地坚持着自己的绘画方式及风格。这两个性格迥异、固执己见的人似乎从一开始就注定无法和谐共处。凡·高与高更的同居生活完全没能促进彼此的艺术创作,相反,两人一同堕落,成了当地妓院的常客。

失乐园:米迪画室

不仅如此，凡·高性格极度敏感、喜怒无常，显得咄咄逼人，有时甚至会警告高更不要离开黄房子。为安抚凡·高，高更为凡·高创作了肖像画，并将凡·高称为"画向日葵的画家"。然而，凡·高非但不领情，还蔑视地说道："画里的人的确是我，但看起来就像是个疯子。"如今看来，这句话充满了预言的意味。

光明之路

《阿利斯康》
The Alyscamps
私人收藏

与高更相似,凡·高也多次描绘这条阿尔勒古老的林荫小路。

    凡·高与高更之间的关系变得愈发紧张。一天,凡·高彻底失去了对愤怒的控制力。然而,这一次他没有把愤怒的矛头对准高更,而是狠狠地对准了自己。

    凡·高与高更之间充满戏剧性的心理大戏不禁让人联想到诗人亚瑟·兰波与保罗·魏尔伦的故事。魏尔伦开枪打伤了兰波,而凡·高一如既往地遵从内心自我毁灭的逻辑,将施暴的对象换成了自己。在和高更最后一次争吵之后,凡·高割下了自己的耳朵,并将耳朵送给了心爱的妓女雷切尔。

    在此之前,凡·高一直渴望得到高更的谅解与支持,但高更充耳不闻。如果从这个角度看待自残事件,那么凡·高割下耳朵的行为具有高度的象征意义。两人的分道扬镳既意味着友谊的终结,也代表着凡·高美好理想的幻灭。这样的双重打击让凡·高失去了生命的平衡。当最终的幻想破灭后,这个疯狂的艺术家割下了自己的耳朵。

失乐园:米迪画室

光明之路

《加歇医生的花园》
Doctor Gachet's Garden
现收藏于法国巴黎奥赛美术馆

这幅画是凡·高到达奥维村不久后完成的。凡·高放弃了构图中的透视及比例关系，画布之上只剩下他对自然力量的直接感知，反映了艺术家混乱无序的内心状态。画面中的大树就像一团熊熊大火，笔直地侵入天空，使远处的房屋看起来更加渺小、没有存在感。

凡·高的耳朵

Vincent's Ear

在与高更交恶的过程中，凡·高绘制了《椅子和烟斗》及《高更的椅子》。在作品《椅子和烟斗》中，凡·高的椅子沐浴在米迪的阳光下，呈现出金黄色。椅子上的烟斗和打开的烟草包装表达了艺术家的孤独和沉思。而画面中更大的背景（椅子、墙壁及大面积的红色地板）完全将烟斗与烟草包裹其中。凡·高的椅子低矮、做工粗糙，就像是教堂中的座椅，体现了他根深蒂固的禁欲主义。

在作品《高更的椅子》中，凡·高描绘了自己为高更准备的椅子，这把椅子的木色呈深红色，坐垫是温暖的绿色，与凡·高自己的稻草坐垫相比，显得雍容华贵。蜡烛、书籍及墙上的煤气灯似乎都暗示着一种深夜的等候，好像整个房间都在等待主人的归来。这把扶手椅就像空荡荡的王座，既表达了凡·高对朋友的尊重，又表明了好友的长期缺席。

但是，凡·高对高更的欣赏与喜爱也包含着一种敌意。高更的个性和风格都与凡·高截然不同，其绘画更注重表面的装饰性。而凡·高则将对现实的描绘推向了极端，渴望在画布上揭示深层的真相。

《麦田里的丝柏树》
Wheat Field and Cypresses
现收藏于英国伦敦国家美术馆

背景中卷曲的云朵具有阿拉伯式的花纹，呈现出一种动感。丝柏树则像一团暗焰，跃向天空，仿佛想要逃离这片土地，体现了艺术家对现实的无奈及对生活的渴望。

在与高更发生针锋相对的争吵之后，凡·高陷入极其绝望的情绪中，无法释怀。对具有潜在受虐倾向的凡·高来说，仿佛只有通过自残的方式，才能刺破好友那冷漠无情的外衣。评论家乔治·巴塔耶曾用充满诗意的语言来描述凡·高自残行为背后的心理："那只可怕的耳朵……突然在神秘的解放仪式中离开了。这不禁让人联想到阿那克萨图斯那被割断的舌头与破碎的牙齿，它们都曾对暴君奈柯克里昂表示唾弃。埃利亚的芝诺也有类似的经历。这两位伟大的哲学家都遭受了残忍的刑罚，第一位更是被活活碾死。"

光明之路

《椅子和烟斗》
Chair and Pipe (Vincent's Chair)
现收藏于荷兰阿姆斯特丹的凡·高博物馆

无论是在绘画风格上,还是在对椅子上物品的刻画,这幅画都与《高更的椅子》遥相呼应。相较而言,凡·高本人的椅子更为简陋,这体现了他根深蒂固的自我贬低。

巴塔耶继续写道:"凡·高赋予太阳崭新的意义。在他的画中,太阳不再是一种装饰,更像是巫师的舞蹈——起初在人群中缓慢地跳动,最终演变为全民的狂舞。凡·高的画由起初的星星之光演变为宏大的爆破,迸发出炽热的火焰,他本人也深陷在画作耀眼的火光之中。当画中的太阳开始舞蹈时,画布上的大自然也随即爆炸,植物燃起大火,大地也分崩离析、翻滚扭曲。万事万物的根基都荡然无存。那光芒透过活生生的手,就连手部的骨骼也清晰可见。这便是死亡,它以透明的方式显形。凡·高和他的向日葵在最为灿烂的时刻将自己燃烧殆尽,让所有亘古不变的法则就此失效。"

在巴塔耶华丽的分析中,凡·高就像普罗米修斯,居住在一片秩序全无的宇宙中。在混沌的天空之中,只留有旋涡状的点点星光照亮寂静的地面。在太阳的炙烤下,植物一边热烈地汲取太阳的能量,一边在阳光中消耗自己的能量,纷纷在最为茂盛的时期沦为枯枝败叶。

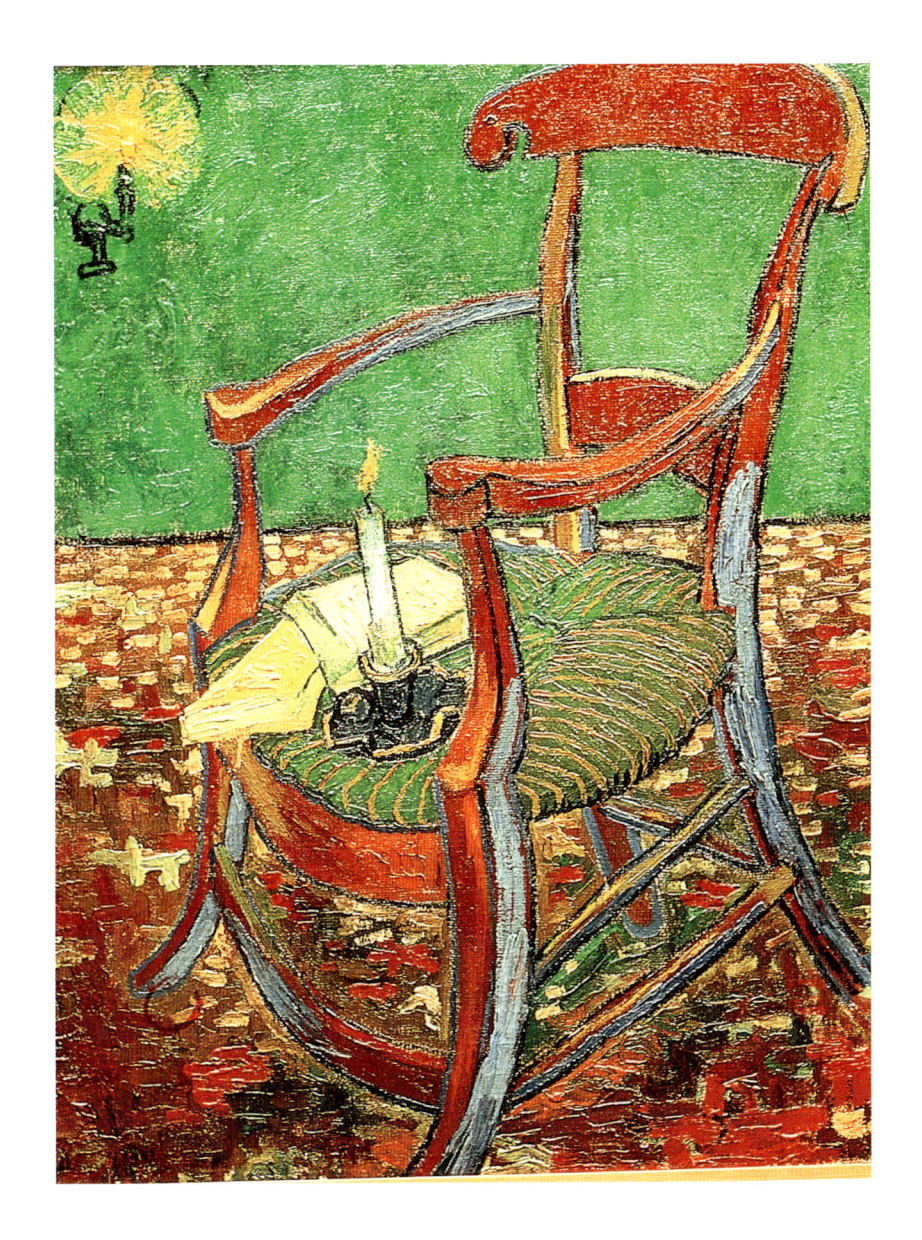

《高更的椅子》
Gauguin's Armchair
现收藏于荷兰阿姆斯特丹的凡·高博物馆

这幅画创作于凡·高与高更关系最恶劣的时期。高更王座式椅子及坐垫上的烛光也许无意识地暗示了高更专横跋扈的个性。椅子上空无一人,似乎时刻提醒着凡·高——高更很快就会离开阿尔勒的悲惨事实,这让凡·高陷入了无尽的癫狂。

光明之路

《麦田与云雀》
Wheat Field with Skylark
现收藏于荷兰阿姆斯特丹的凡·高博物馆

这幅画是非典型的凡·高式风景画。画面呈现出一派宁静祥和的氛围，远处的乌鸦飞过麦田，似乎预示着凡·高将在奥维尔麦田中自杀的宿命。

长跑者的孤独

The Loneliness of the Long-Distance Runner

相较于历史上的其他时期，19世纪是一个极其孤独的时代。法国大革命的狂热能量已经在推翻拿破仑帝国的过程中燃烧殆尽。资产阶级的复辟催生了浪漫主义，其中与死亡密不可分的理想孕育了一大批艺术家和作家，他们与学院派的美学传统彻底决裂。

从兰波的远走非洲，到高更的离开（高更认为欧洲的道德和美学已然分崩离析、毫无生机），追求真实的火炬传承到了凡·高的手中，他对平庸的抗拒以及对纯粹的极端追求将影响后世无数的艺术家。

凡·高的特立独行源自他的生活经历，与家人、朋友乃至整个社会之间的关系瓦解，在很大程度上影响了他的人生观及艺术观。罕见的个人意识及毫不妥协的道德立场赋予了凡·高一种强烈的疏离感。凡·高作品的独特性与自身人格不可分割，但这种情况绝不是当时成功艺术家的范式。那些主流的艺术家们受到官方文化机构的尊重，其受欢迎的程度反映了保守的资产阶级品味以及公众的自我陶醉。

长跑者的孤独

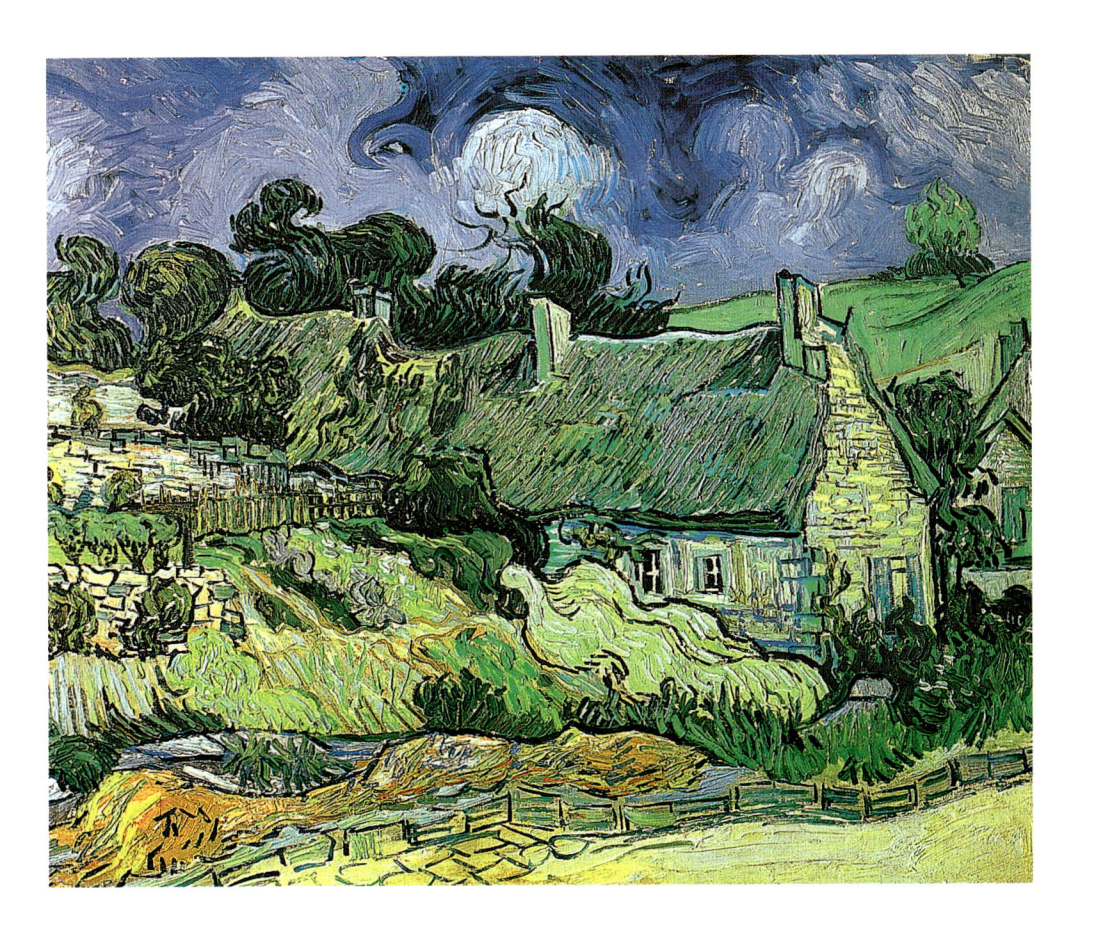

《**科德维尔的小屋**》
Cottages in Cordeville
现收藏于法国巴黎奥赛美术馆

这种以扭曲的笔触描绘风景和建筑物的绘画风格，是凡·高在旅居阿尔勒期间逐渐形成的。到奥维尔后，凡·高也一直在使用这种独特的绘画手法。在这幅画中，小屋的茅草顶受到了旋涡状的树梢和云朵的猛烈冲击，似乎正逐渐消失在山野与花园的混乱景观中。

光明之路

《佩鲁威峡谷》
The Ravine des Peyroulets
现收藏于荷兰奥特洛的库勒–姆勒博物馆

在画面中央蜿蜒曲折的"巢穴"中,两个小小的人影若隐若现。这幅画代表着凡·高在圣雷米时期的风格,尤其是其中强烈且极具表现力的景观和植被。

作为海牙派、印象派和点彩派的"孩子",凡·高的创作超越了所有已知的常规传统与历史传承。在个人遭遇及不同艺术流派的影响下,凡·高创造出了专属于自己的艺术语言,这种语言紧密地与他的灵魂和风格接轨,揭露了客观经验中隐藏的奥秘。

在凡·高之前,从没有任何一位艺术家能像他一样洞悉现实,并传达出如波德莱尔或兰波一样充满预见性的愿景。如果要说凡·高画了什么能称得上标志性的作品,那就不得不提《播种者》(参见第85页)。播种者在画面前景中占据了主要位置,在灿烂的午后阳光的映衬下,播种者的形象愈发高大、宛若神祇。

随着时间的推移,凡·高对现实的表达不再满足于表象的刻画,而是演变为一种整体性的描绘。拥有这种追求的艺术家要自行承担风险,因为其创作的画作往往得不到同时代人们的青睐。在那些幸免于难、保存至今的画作中,我们可以看到艺术家生活的世界中神奇绚丽的另一面。

长跑者的孤独

《绿藤》
Green Vines
现收藏于荷兰奥特洛的库勒-姆勒博物馆

大地和天空在震颤中对立统一,好像被同样晦涩而神秘的力量震撼。

光明之路

《正在锻炼的被囚者》
Prisoners Exercising

临摹自古斯塔夫·多雷的作品，现收藏于俄罗斯莫斯科普希金国家美术馆

凡·高痛恨任何形式的囚禁。在这幅画中，凡·高用一种残酷且露骨的画面表现自己的直观感受，这种不加修饰完全不同于他一贯更富诗意的绘画风格。尽管这幅画的灵感来源于多雷的现有作品，但显然影射了凡·高本人在圣雷米疗养院的经历。

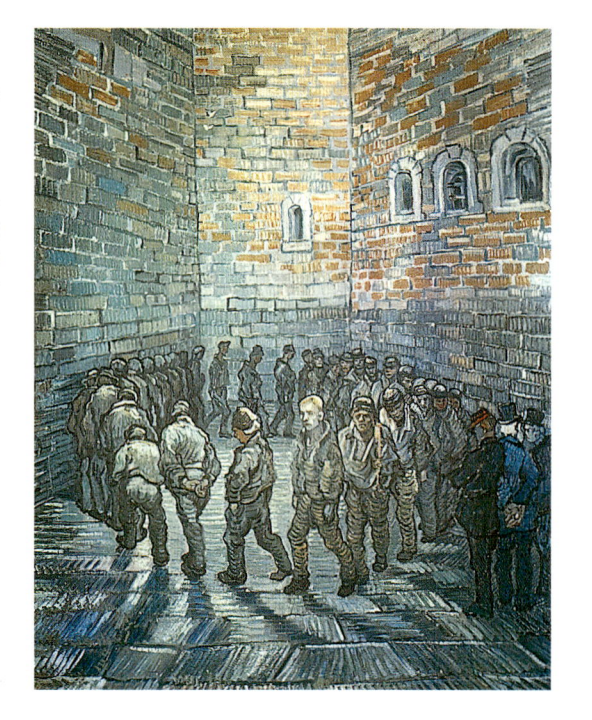

囚禁

Confinement

1888年12月24日，警察在黄房子里发现了意识模糊的凡·高，而高更却在第二天无情地离他而去，动身前往巴黎。根据警方和医院的记录，凡·高当时被送往阿尔勒市立医院，医生治疗了他那残缺不堪的耳朵。此后，凡·高在医院调养了一段时间，身体好转后，他于1889年1月7日回到了黄房子。

仅仅一个月后的2月7日，由于深受幻觉的困扰，凡·高再次入院接受治疗。出院后，他重新回到了黄房子，却遭到了邻居的公然排挤。附近的住户们联名写了一份请愿书，要求凡·高离开他们的街区。这对凡·高而言，无疑是晴天霹雳。1889年2月25日，凡·高又进了医院，然而这一次他被诊断患有精神错乱。

凡·高被强制监禁，并开始了"囚徒"般的生活。然而，凡·高对自己的巨大丑闻毫不在意，他在给弟弟提奥的信中写道："在根本没有任何证据的情况下，我只能在这个被警卫封锁的小房间里煎熬度日。"

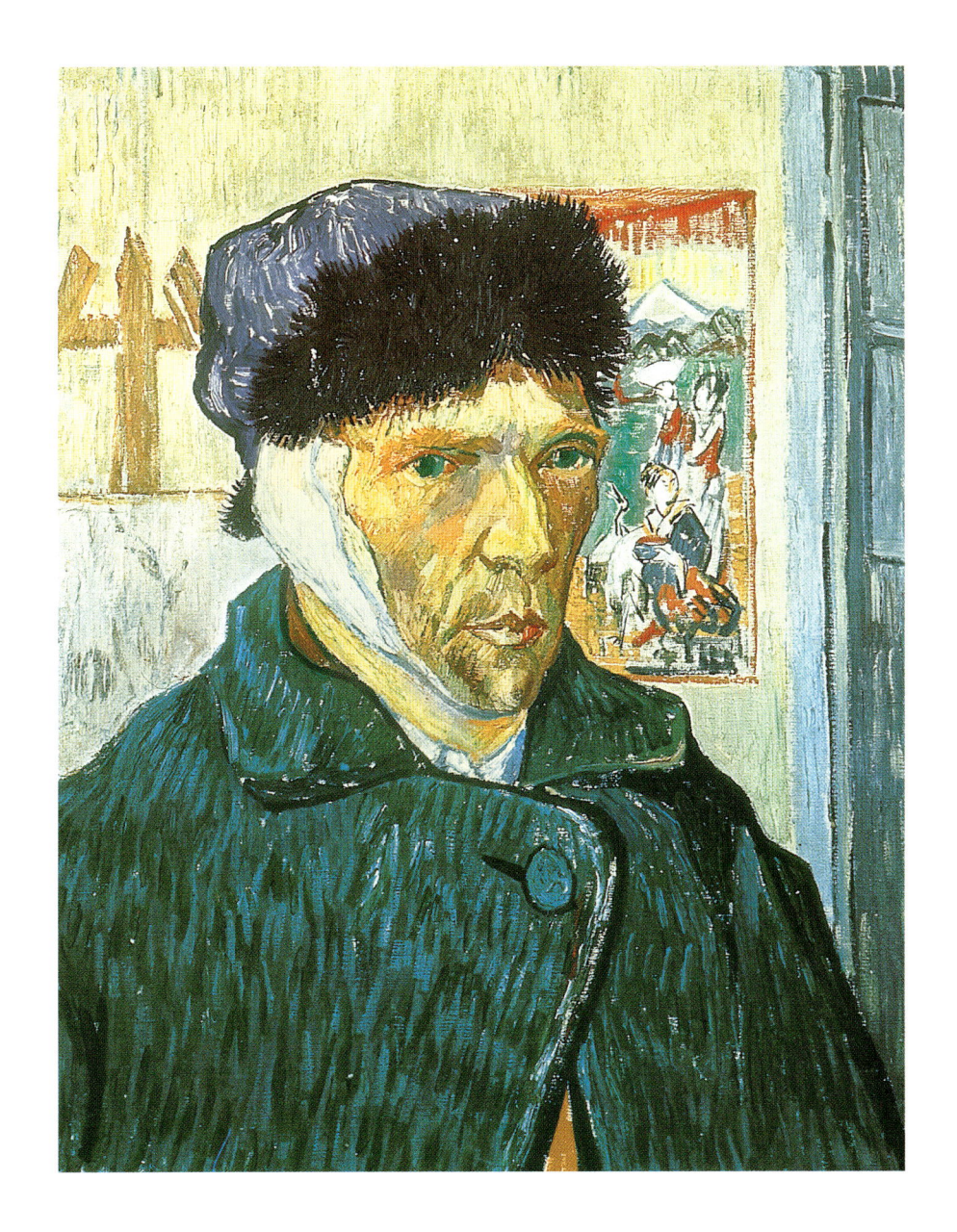

《割耳自画像》
Self-Portrait with Severed Ear
现收藏于英国伦敦考陶尔德美术馆

诗人勒内-夏尔曾说:"我生而暴力。"伤心欲绝的凡·高转而以最绝望的方式对自己施暴。

光明之路

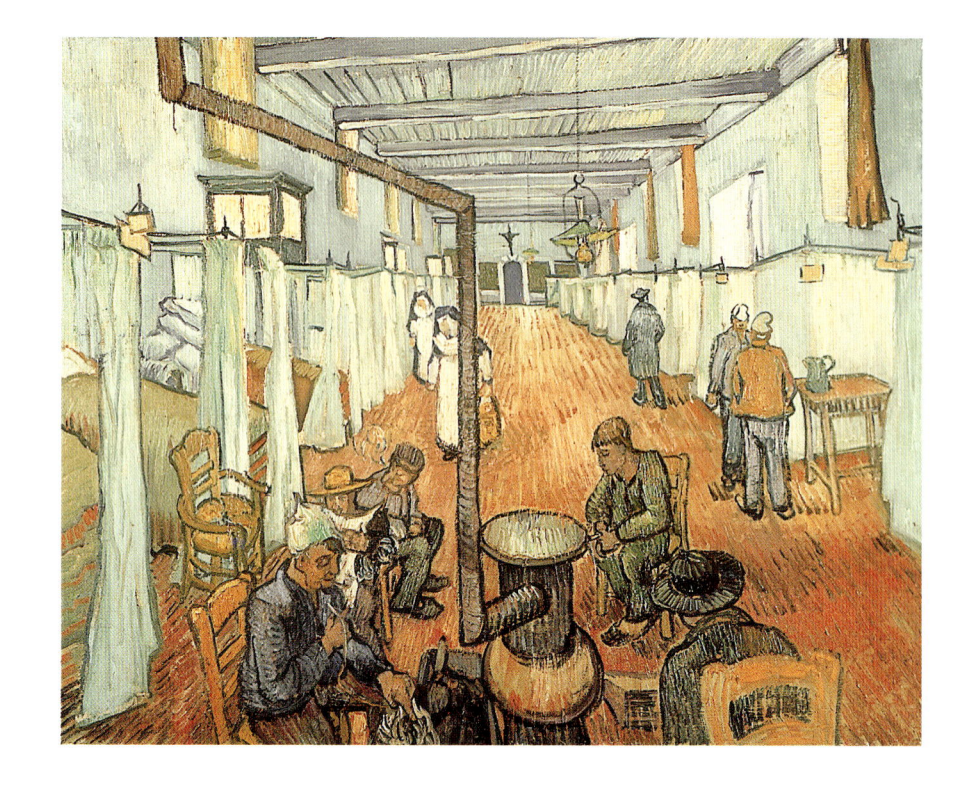

《阿尔勒的医院》
The Hospital at Arles
奥斯卡·莱因哈特私人收藏,瑞士温特图尔

凡·高总是从生活中取材,真实地刻画周遭的生活环境。割耳事件后,凡·高住进阿尔勒医院。在此期间,他创作了一系列作品,描绘了一个全新的世界。他笔下的病友看起来萎靡不振,在简陋的普通病房里等待着命运的宣判。

　　当时,雷伊是医院的实习医生,出于对凡·高的同情,他允许凡·高开展相对自由的活动。凡·高将大把时间花在了阅读上,他读过的书有比利时人文主义作家卡米耶·勒莫尼埃的《土地上的人》、哈里特·比彻·斯托的《汤姆叔叔的小屋》、狄更斯的《圣诞颂歌》、龚古尔兄弟的《热曼妮·拉瑟顿》等。1889 年 3 月 30 日,凡·高迎来了自己的 36 岁生日,但他看起来却像是一个弱不禁风、比实际年龄苍老许多的男人。

　　身心俱疲的凡·高一直待在医院,直到 5 月 8 日,医院才应他的要求把他转移到圣雷米郊区的圣保罗精神病院。

囚禁

《圣保罗医院的花园》
Garden of the Saint-Paul Asylum
现收藏于荷兰奥特洛的库勒–姆勒博物馆

在阿尔勒住院治疗后,医院应凡·高的要求将他转移到圣保罗精神病院,在那里,他继续描绘着自己的日常生活。

光明之路

《雷伊医生的画像》
Portrait of Doctor Rey
现收藏于俄罗斯莫斯科普希金国家美术馆

在凡·高住院期间,绘画被当作一种治疗活动。出于同情,雷伊医生还做过凡·高的模特。凡·高为雷伊医生精心设计了一个独具匠心的背景。

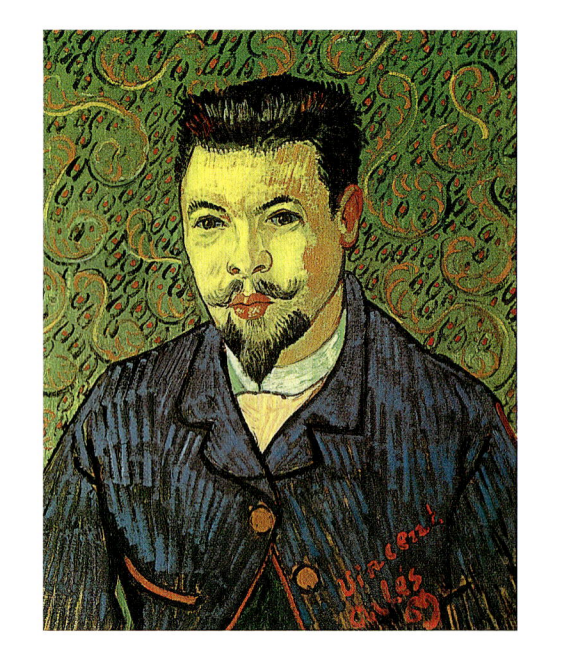

精神病院的回忆

Memories of the Madhouse

I

由于担心再次受到阿尔勒当地居民的仇恨和迫害,凡·高放弃了在新画室里创作的机会,并主动提出转到圣保罗精神病院接受治疗。医生认为绘画具有治疗作用,因此凡·高得以继续作画。凡·高在信中写道:"再次提起画笔的想法常常出现在我的脑海中,我相信我所有的才能很快就会回到我的身边。当一个人的灵魂渴望表达自己时,就永远不会被抑制。我宁愿死也不愿窒息,因为我必须表达出自己内心的东西。"

尽管被关在精神病院的围墙内,但凡·高找到了他迫切需要的避风港,他写道:"即使我不断地听到人们像动物园里的动物一样大声嚎叫,但这里的病人彼此了解,并且乐于互相帮助……当我在花园里作画时,他们会来围观。我可以向你保证,他们远比阿尔勒的公民更礼貌,从来不会打扰我的安宁。"在描述周围的环境时,凡·高提到了自己生活和艺术中的重要元素——大自然:"我的小房间贴满了灰绿色的墙纸……透过窗户的铁条,我可以看到一块被围起来的麦田,还有凡·戈因画中的风景。每天清晨,太阳都在这块麦田上灿烂地升起。"

在医生的允许下,凡·高走进精神病院的花园绘制花朵,有时他甚至可以走出精神病院,描绘墙外的麦田。在凡·高的画中,麦田里的柏树就像黑色的火焰,随着卷曲的线条相互扭曲着冲向天空。所有的景物都在战栗颤动,仿佛被内在的狂乱支配,一切能量与光明都即将消耗殆尽,最终消失在阴影与黑暗之中。

精神病院的回忆

《圣保罗精神病院的走廊》
Corridor of the Saint-Paul Asylum

现收藏于美国纽约现代艺术博物馆,由艾比·奥尔德里奇·洛克菲勒捐赠

画中的走廊通向未知的远方,凡·高似乎在借此表示自己已陷入某种疯狂的境地,不得不在空荡荡的精神病院走廊中寻求理智。

光明之路

《圣雷米的德莫索尔疗养院》
The Saint-Paul Asylum in Saint-Rémy
现收藏于法国巴黎奥赛美术馆

尽管不能确定这是否为凡·高的真迹,但整幅画具有强烈的凡·高式风格,尤其是画面中的大树。树的内部仿佛蕴藏着一团生命的火焰,树干似乎都被烤焦了。

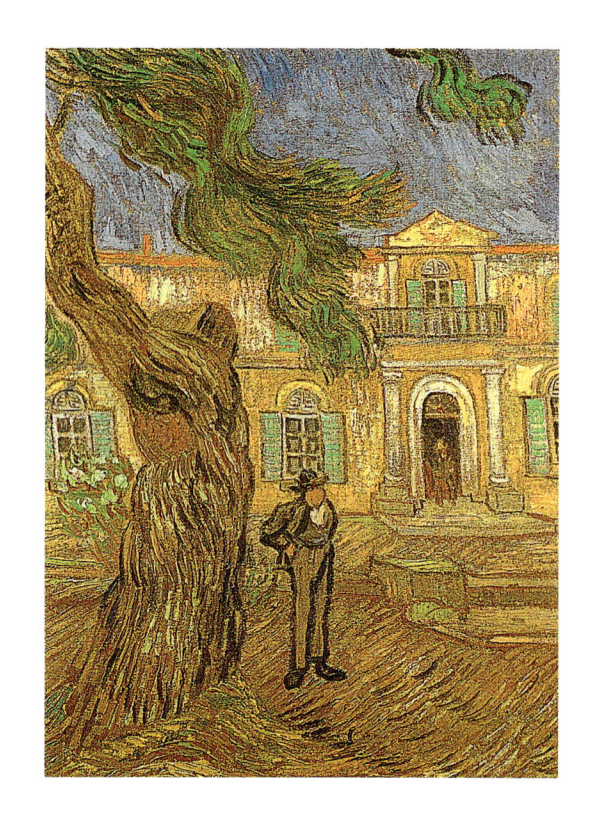

凡·高那怪异而又宏伟的作品《星空》可以完美地诠释艺术家当时奇怪的精神状态。凡·高已然超越了对现实的简单重现,他笔下的大自然经过某种不可思议的熔炼与融合,呈现出焕然一新的景象。

凡·高的其他作品则表现出一种局促感及幽闭恐惧症的感觉。凡·高一直沉迷于用画笔记录自己的囚徒时光,其中最令人感到绝望窒息的作品就是临摹自古斯塔夫·多雷的作品《正在锻炼的被囚者》:在一个暗无天日、四面都被厚重的砖墙封闭的庭院底层,一列憔悴的囚徒们在警卫们的注视下无精打采地围成一圈。在另一幅作品《永恒之门》中,凡·高描绘了一个坐着的男人,双手抱着头,绝望地弓着腰。这幅画就像是对凡·高早期作品《悲伤》(参见第 50 页)的回应;漫长的流浪和痛苦摧毁了他的精神,最终只得以囚禁作为一切的收尾。

凡·高陷入了一种两难的境地:一方面,凡·高需要医院的庇护才能避免外部世界的伤害;另一方面,长时间的住院不仅没有改善他的精神,还让他的身体状态每况愈下。

精神病院的回忆

《阿尔勒医院的庭院》
Hospital Garden in Arles

奥斯卡·莱因哈特私人收藏,瑞士温特图尔

当时,凡·高由于精神状态被"囚禁"在阿尔勒医院。这幅画描绘了阿尔勒医院的庭院,画面中的每个细节都有着几近疯狂的精确度。

　　为了缓解哥哥的病情,提奥找到了朋友加歇医生,加歇医生有处理类似病例的经验。经过慎重地讨论,加歇医生和提奥一致决定让凡·高搬到巴黎附近的一个小村庄里居住。

　　加歇医生每个周末都会回到村庄度假,所以或多或少能为凡·高提供一些治疗和帮助。实际上,加歇医生见证了凡·高最后的崩溃,却无力回天,只能无奈地看着凡·高离开这个世界。

光明之路

《加歇医生的画像》
Portrait of Doctor Gachet
现收藏于法国巴黎奥赛美术馆

不管是刻意选择还是出于习惯,凡·高在为加歇医生画像时采用了风景画的创作方式,并使用了他静物画中特有的弯曲起伏的笔触。整幅画洋溢着一种安静的内在力量。

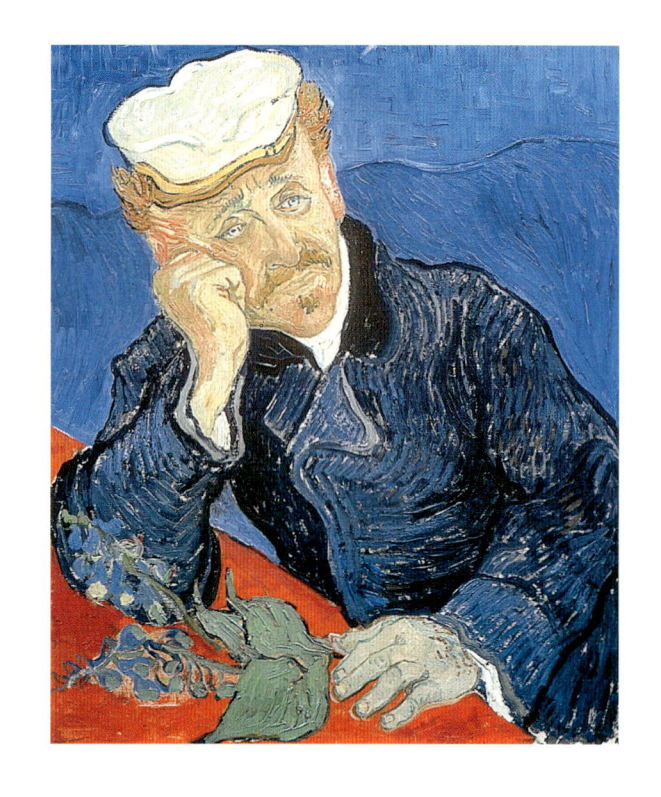

奥弗瓦兹河畔

Auvers-sur-Oise

奥维尔位于瓦兹河畔,周围都是农田。1887 年,奥维尔的居民仅有 1500 多人。人们认为诗人弗朗索瓦·维隆就出生在奥维尔,他的其中一首诗提到了这个村庄:

我名叫弗朗索瓦,

我很乐意再说出。

我的姓,科尔伯,

生于奥维尔,

靠近蓬图瓦兹,

也被称作,

维隆。

《奥维尔教堂》
The Church at Auvers
现收藏于法国巴黎奥赛美术馆

教堂占据着画面的大部分区域，却又略显低矮，弥漫着一股神秘感，仿佛一艘在海面上漂流的船只。画面中的植被就像汹涌的海浪，时刻准备将"船身"掀翻。

光明之路

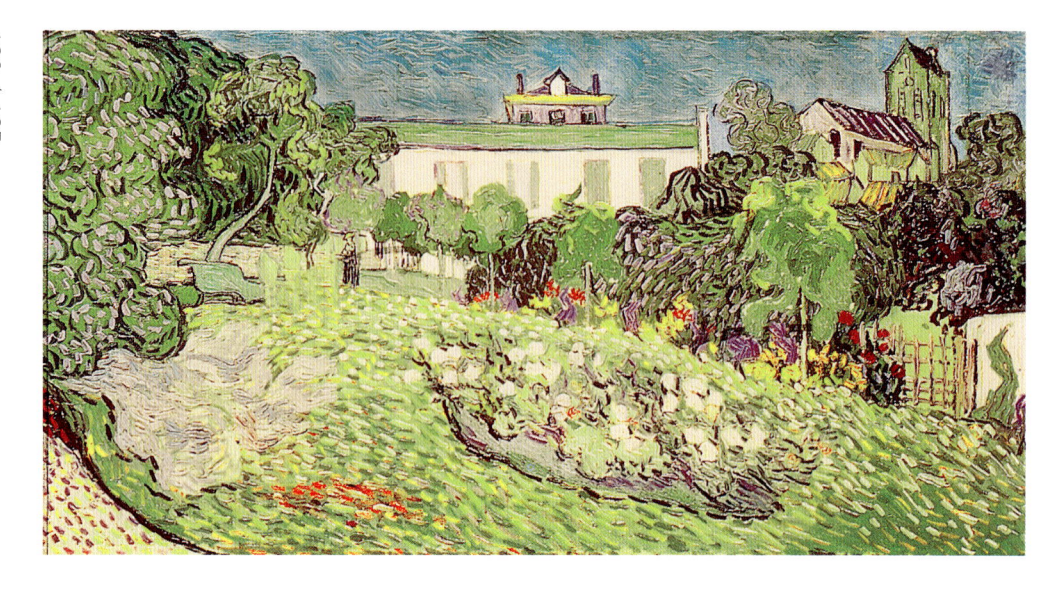

《杜比尼花园》
Daubigny's Garden
现收藏于日本广岛美术馆

这幅画创作于凡·高自杀前四天，是凡·高的最后一幅作品，也是很出色的作品。当凡·高陷入严重的精神危机时，他在大自然的无穷变化中释放了自己所有的才华和精力。

    1890年5月21日，凡·高抵达奥维尔。在当地一家旅馆短暂停留之后，他住进了市政厅对面一家咖啡馆的阁楼中。

    凡·高着迷于这个村庄及其周边的农田：充满乡村气息的茅草屋、缓缓起伏的田野以及开阔的视野，一切都完美地契合了凡·高对自然和全景的热爱。

    奥维尔宜人的环境吸引了很多艺术家慕名前来。巴比松画派的代表人物杜比尼于1860年搬到这里，农民画家朱利安·杜普雷也曾住在该地区，印象派画家毕沙罗在几千米外的蓬图瓦兹定居，而现实主义讽刺画大师杜米埃就住在附近的瓦尔蒙多瓦村。

    加歇医生在19世纪的艺术史中也占有一席之地，他是一位出色的雕刻大师，曾与塞尚一起学习。在加歇医生的指导下，凡·高创作了一些独特的蚀刻铜版画。

    尽管加歇医生的诊所位于巴黎市区，但他常在乡村度过周末，因为在那里他拥有一栋舒适的乡间别墅。许多知名的印象派画家都会去拜访加歇医生，塞尚、毕沙罗和基约曼都是他的熟人。凡·高迅速地成为这个大家庭中的一分子，并多次为加歇医生和他的女儿绘制画像。

奥弗瓦兹河畔

《奥维尔的风景》
View of Auvers
现收藏于英国伦敦泰特美术馆

凡·高漫长的人生与艺术追求之路始于他的家乡荷兰布拉班特地区，止于瓦兹河畔的奥维尔。这一系列的人生历程都被记录在了凡·高不同时期的画作中。在人生的最后阶段，凡·高创作了一系列以奥维尔为主题的风景画。

    凡·高对加歇医生的感觉是模棱两可的，他在给弟弟提奥的信中写道："我见到加歇医生了，我觉得他很古怪。治疗精神疾病的行为肯定能帮助他保持稳定的精神状态，但他看起来似乎和我一样遭受着精神问题的严重困扰。"

    凡·高还向弟弟描述了加歇医生家里的内部装饰："除了印象派画作，他的房子里到处都是古老的深色物件，整个家似乎一片黑暗。他有一幅毕沙罗的精美画作（冬季场景和红房子），以及塞尚的两幅花卉作品和一幅描绘村庄景色的作品。"实际上，这只是加歇医生非凡收藏品的一部分，他还收集了雷诺阿、莫奈、马奈、库尔贝、西斯莱、基约曼及杜米埃的作品。

    尽管凡·高的精神和身体状况平平，但他的艺术之路终于小有起色，评论家们开始关注并赞扬凡·高的画作，而在此之前，凡·高一直遭到艺术界的忽视和诋毁。阿尔伯特·奥里埃是一位年轻作家，就职于颇具影响力的文学刊物《文雅信使》，也是象征主义运动的标志性人物，他发表了有关凡·高作品的第一篇评论文章。与此同时，凡·高的六幅作品在布鲁塞尔享有盛名的"20人小组"画展中展出了。凡·高多年来的努力没有白费，那些曾经对凡·高避之不及、不屑一顾的人们开始重新认识凡·高和他的艺术。

光明之路

《花园里的加歇小姐》
Mademoiselle Gachet in Her Garden
现收藏于法国巴黎奥赛美术馆

在印象派画家的作品中，女性形象往往会为画面增添魅力。但在这幅画中，加歇小姐的形象显得有些奇怪，她仿佛正被花园里茂盛的植被吞噬。

尽管在凡·高的描述中，加歇医生态度冷淡、不太友好，但他一直在鼓励凡·高继续创作。作为回应，凡·高在自杀前的70天内完成了70幅作品。为了保持这种连续不断的创作节奏，凡·高每天都会在黎明时分起床，然后在画架前度过一整天。

在这一时期，凡·高的笔触变得比以往任何时候都更具活力，他似乎将自己所有的情感和感知都注入了画作中。这些画作捕捉到了大自然中旺盛的生命力，如浓烈的绿色植被、蓝色屋顶的光泽、亮黄色的花园以及聚集在广阔地平线之上白色羊毛般的云朵。

奥弗瓦兹河畔

《弹钢琴的加歇小姐》
Mademoiselle Gachet at the Piano

现收藏于瑞士巴塞尔艺术博物馆

这是凡·高最后一幅以女性为主题的作品,但画中的加歇小姐与凡·高笔下所有的女性形象一样令人感到遥不可及。加歇小姐正在华丽的房间里弹奏钢琴,这体现出了艺术家与画中人物社会地位的差距。如果凡·高没有采用单调沉闷的色调,或者描绘女性身体时的手法没有那么生硬,这幅画很有可能会成为雷诺阿式的迷人画作。

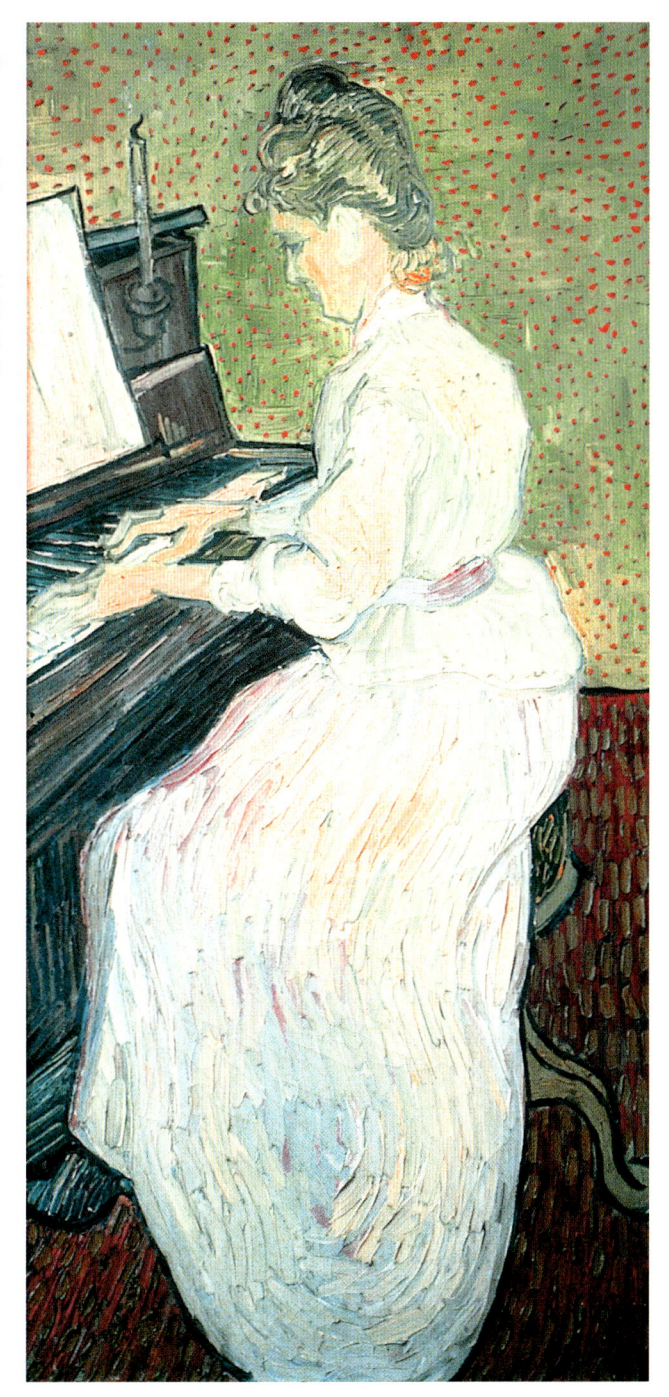

《麦田上的乌鸦》
Wheat Field with Crows
现收藏于荷兰阿姆斯特丹的凡·高博物馆

画面中的风景不仅展现了麦田广阔的全景，更加彰显了凡·高作画时激烈昂扬的情绪及斩钉截铁的决心。这幅作品既是对凡·高整个艺术生涯的概括，又是一次宿命的预言。凡·高一生都在与命运做抗争，并且希望通过艺术来宣泄自己的情绪。在这幅画中，乌云密布的天空死死压住金黄色的麦田，沉重得令人喘不过气来，营造出一种压迫感及不安感。低空盘旋的乌鸦就像一群群锯齿状的蝙蝠，带着不祥的征兆。

恶兆之鸟

Birds of Evil Omen

凡·高的周日总是在加歇医生的家中度过，有时提奥一家（提奥的妻子约翰娜以及这对夫妇刚出生的儿子）也会前来，欢聚一堂。就餐期间的氛围温暖且亲切，一起吃饭的通常还有医生的女儿加歇小姐。凡·高经常为加歇小姐绘制肖像，但丝毫没有透露出爱意。此时的凡·高似乎早已不对爱情抱有希望，而是在永恒的艺术领域中追逐那捉摸不透的幸福。

恶兆之鸟

《**暴风雨似的天空与麦田**》
Fields Under a Stormy Sky
现收藏于荷兰阿姆斯特丹的凡·高博物馆

麦田一直延伸至远方的地平线,那里被暴风雨的乌云遮蔽,再一次预示了即将来临的灾祸。

  凡·高经常会在奥维尔附近的乡间作画,将画架摆在田地的边缘。他的身影还会出现在村庄绵延的街道上,出现在隐秘的教堂中。凡·高用自己独到的方式来表现乡村风情,这样的绘画理念显然已经超越了同代的艺术家。然而,那些不理解凡·高的人只会把他看作一个疯疯癫癫、毫无才华的蠢货。

光明之路

《雨天》
Rain
现收藏于英国卡迪夫威尔士国家博物馆

景观中黎明的平静被充满暴力的垂直线条破坏了，这些倾斜的划痕贯穿了整个画面。

在人生的最后阶段，凡·高仿佛陷入了一场时间的争夺战，他在极短的时间内完成了约 70 幅作品。但是留给凡·高的时间的确不多了：死亡就在那片麦地里等候着他，但是凡·高知道他会在投入死神的怀抱之前竭尽全力。

在 7 月中旬最为炎热的一个周日，加歇医生的家人和客人相约在花园中的大树下躲避酷暑。在《加歇医生的画像》中，凡·高将加歇医生内心的痛苦展露无余，仿佛加歇遭受的痛苦远远超过自己。加歇医生无比热爱艺术，因此对凡·高关怀备至。但在另一方面，加歇对凡·高的病情束手无策，深深地感到自己可能没有能力彻底治愈这位特别的画家朋友。

恶兆之鸟

《有马车、火车、房子的奥维尔风景》
Landscape at Auvers with Cart, Train and Houses
现收藏于俄罗斯莫斯科普希金国家美术馆

人们可以从多种角度解读画面中那辆玩具车般的火车形象，既可以解读为"现代化"对传统景观的入侵，也可以理解为艺术家对回归纯真童年的渴望。

《多云天空下的奥维尔平原》
Auvers Plain Under a Cloudy Sky
现收藏于德国慕尼黑巴伐利亚国家绘画收藏馆

在凡·高的早期作品中频繁出现劳动人民的形象，这也侧面反映了凡·高为成为一名艺术家而付出的艰辛努力。而在凡·高晚期的作品中，往往包含了一个将死之人对大自然丰硕馈赠的崇高敬意，同时彰显了这位艺术家成熟精湛的画技。

这一天，看着这个其乐融融、阖家团圆的世界，凡·高内心的孤独感愈演愈烈。凡·高感到自己与弟弟提奥的关系似乎渐行渐远，他再也无法找回曾经丢失的理智，注定无法回到这个正常的世界中。凡·高的内心只剩下一片麦田和一群黑色乌鸦。在他的画作中，来势汹汹的黑色乌鸦在金色的丰收之地上空盘旋着，这似乎预示着他的悲剧结局。

在奥维尔的那个周日，这个世界上已没有凡·高的容身之所。提奥爱的极限即是凡·高无助的起点，两人之间的纽带已仅仅停留在弟弟的经济援助和兄弟义务之上。加歇医生则被世俗的乐趣包围，无暇顾及眼前这位挣扎于生死之间的艺术家。在医生眼中，凡·高只是众多病人中的一个。医生在他的乡间别墅里，被家人和收藏的绘画作品萦绕，他又怎么会理解凡·高这样特别的人呢？

恶兆之鸟

光明之路

《有柏树的路》
Road with Cypress Tree
现收藏于荷兰奥特洛的库勒-姆勒博物馆

来自深处的光从植被间升起，凡·高使用了旋涡状的笔触描绘天空，呈现出一片生机勃勃的美丽景象。

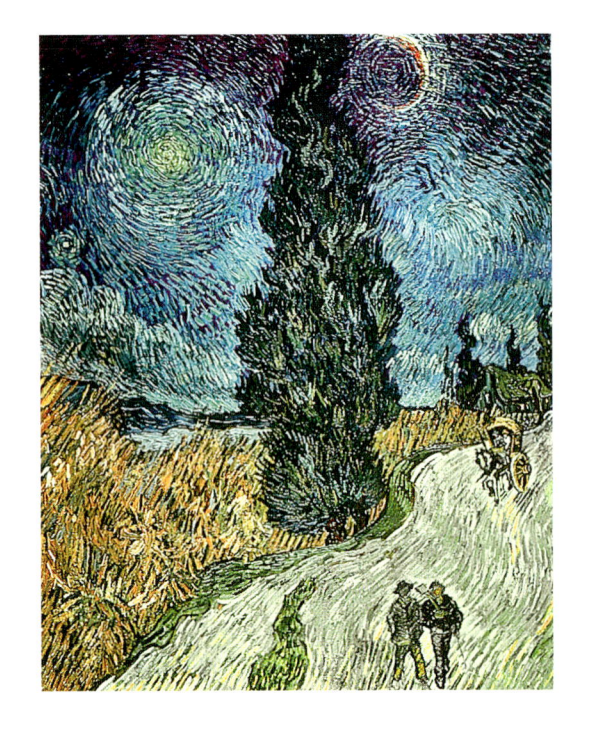

阁楼之死

Death in a Garret

1890年7月27日中午，凡·高再也难以抑制内心的痛苦。他低声叨念出一些草率的借口，突然起身离开了加歇医生的餐桌。这是当天所有人见他的最后一面。

凡·高悄无声息地潜入麦田。片刻后，麦田中传出尖锐的爆炸声，惊扰了无处不在的乌鸦。那个曾割掉自己耳朵的男人对自己开了枪。

枪声在寂静的田野上空回响，又被地平线吞没。无人知晓凡·高究竟是在绝望还是在痛苦中哭泣，乌鸦和通红的天空是唯一的目击者。尽管这一枪并没有立刻使凡·高毙命，但他倒地不起。过了很久，凡·高挣扎着站了起来，踉踉跄跄地走回咖啡馆，痛苦万分地穿过大厅，爬上通往阁楼的楼梯，回到阁楼的房间里。拉乌一家目睹了凡·高进入咖啡馆时的惨相："夜幕降临后，在昏暗的夜晚中，只有我的母亲注意到了凡·高先生用手捂着肚子，一瘸一拐，艰难地前行。我还记得当时他的外套是扣上的。他像黑影一般从我们身边走过，甚至都没有打招呼。我母亲问候道：'凡·高先生，我们今天没有见到你，很是担心。发生什么事了吗？'凡·高停下片刻，靠在台球桌的侧面，维持着身体平衡，低声回答道：'哦，没什么。我只是伤到了自己。'然后凡·高便走上楼梯，回到了自己有天窗的白色小阁楼里。"

阁楼之死

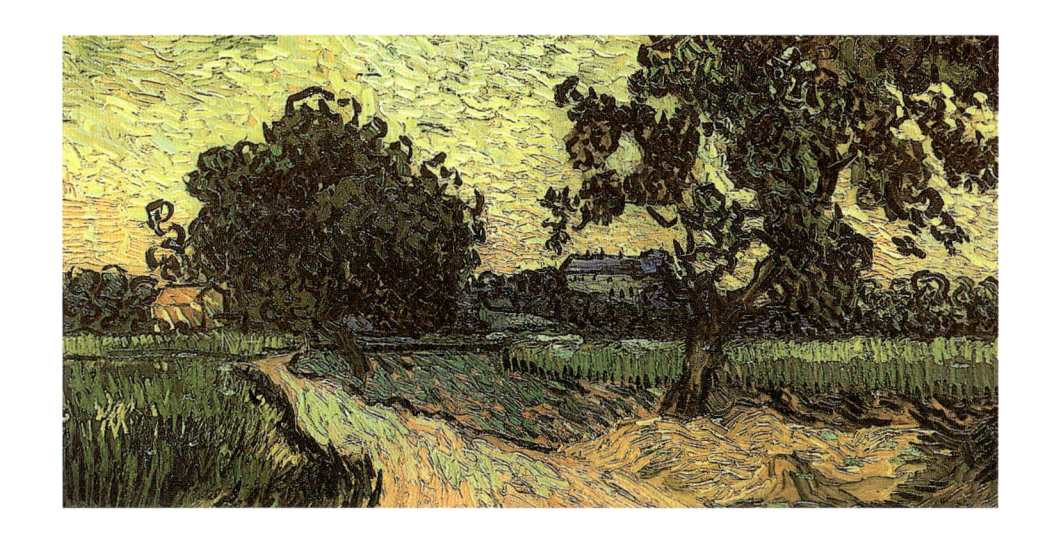

《日落时的奥维尔别墅》
Sunset at the Chateau d'Auvers
现收藏于荷兰阿姆斯特丹的凡·高博物馆

在凡·高的笔下甚至连平淡无奇的地点都充满着戏剧性及潜在的紧张气氛。
和凡·高的生活一样,他的艺术总是充满激情和力量。

    凡·高跌倒在床,头枕在墙上。晚些时候,他被发现满身是血地躺在床上并且不断地呻吟着。一位医生随即到来,紧接着加歇医生也来了。最后,两位医生一致认为即使手术也无力回天,凡·高只能等待着死亡的降临。

    提奥得知消息后,次日便赶到了哥哥的身边。在随后的几个小时中,凡·高躺在床上、支着烟斗,平静地抽烟,以一种"疯狂"的眼神凝视着房间里的每一寸空间。奄奄一息之际,凡·高对提奥轻声说道:"别哭,我这样做是为了每一个人……"艰难地喘了一口气后,凡·高继续说道:"悲伤是一生的……"

    1890年7月29日凌晨1:30,凡·高永远地离开了这个世界。作家斯蒂芬·茨威格的评论恰如其分:"凡·高只是肉身离我们而去。"

光明之路

《奥维尔的阶梯》
The Steps at Auvers
现收藏于美国圣路易斯艺术博物馆

在奥维尔的乡村生活中,凡·高悉心地观察着身边所有的事物。他经常在街道上搭起画架,捕捉日常生活中的微小细节,将眼前奇妙的场景惟妙惟肖地展现在画布之上。

    葬礼在第二天举行。为凡·高送葬的人包括提奥、加歇医生、查尔斯·拉瓦尔、埃米尔·伯纳德和唐吉老爹。随着凡·高逝世的消息传开,很多人从巴黎赶来祭奠,其中包括卢西恩·毕沙罗和阿尔伯特·奥里埃(这是唯一前来的艺术评论家,他在凡·高在世时就对其作品赞誉有加)。

    凡·高的坟墓位于瓦兹河畔奥维尔村的小墓园。常春藤爬上了刻有凡·高名字的墓碑,一旁就是弟弟提奥的墓碑。在凡·高去世仅六个月后,提奥也不幸离世。在悲剧中,主角们的命运总是紧密相连。兄弟俩在死亡中重聚,是否找到了生前得不到的宁静?

    在低矮的墓墙外,明亮的麦田依然朝着地平线翻涌,黝黑的乌鸦群仍在上空盘旋,似乎是在向天才致敬。

阁楼之死

《戴贝雷帽的农家少女》
Peasant Girl with Bonnet

H. R. 海恩卢梭私人收藏，瑞士伯尔尼

这幅肖像略显粗犷，没有体现出任何的女性气质。画中的人物形象不禁让人联想到原始神像的雕塑，彰显了凡·高对植根于这片土地的人民的歌颂。

光明之路

《尤金·博赫的画像》
Portrait of Eugene Boch
现收藏于法国巴黎奥赛美术馆

这幅肖像描绘了凡·高的诗人兼画家朋友博赫，人物脸部的绘画处理方式表现出了一个人在生活的黑暗深渊边安然自若的痛苦。

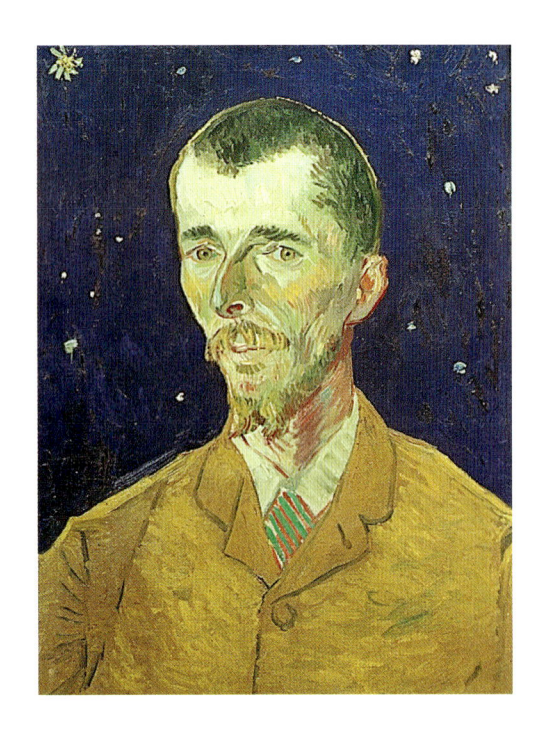

诗人之声

The Voice of the Poet

> 凡·高是对的，一个人只能为无限而活，并且只能满足于无限的事物。
>
> —— 安托南·阿尔托

对阿尔托来说，凡·高并不是疯子。整个社会摧毁了他的精神，并最终处决了他："凡·高之死并不归咎于他的疯狂。自诞生之日起，他便与人性之恶抗争。然而这场抗争是无处不在的：肉体与精神的冲突、身体与肉体的冲突，以及心灵与肉体的冲突。在这一切冲突之中，哪里还会有人类本体的纯粹存在呢？凡·高的一生都在以非凡的精力和决心寻找真我，然而，他的自杀并不是由失败的幻觉引起的疯狂行为，因为他已经成功地找到了真正的自己。是社会对他的成就进行了惩罚，是社会抛弃了他，这才导致了他的自杀。"

1947年，法国诗人阿尔托发表了《凡·高，被社会逼得自杀的人》，这是一场穿越时空的对话。阿尔托的文字中充满了他对凡·高自杀的愤慨，以及对激起这一行为的社会的强烈谴责。阿尔托不仅在为凡·高发声，也是在为自己发声，因为两人有着相似的经历：凡·高被社会驱逐到了他自己的孤独之境；阿尔托也曾被囚禁在精神病院中并接受电击治疗近十年之久。

《柏树和两个女人》
Cypress Tree and Two Women
现收藏于荷兰奥特洛的库勒-姆勒博物馆

笔直的树木带来了强有力的视觉冲击力，表达了凡·高渴望超越人类痛苦的界限，像普罗米修斯那般踏上神圣之路。

光明之路

《四朵向日葵》
Four Sunflowers
现收藏于荷兰奥特洛的库勒-姆勒博物馆

这幅画不仅描绘了简单的花束，还歌颂了大自然再生的奇迹及阳光赋予生命的力量。在凡·高的笔下，向日葵一直是太阳的象征。

《花园的后部》
Rear Garden
现收藏于瑞士苏黎世艺术博物馆

尽管所谓的花园只是一小块有限的区域，但对凡·高来说，这个简陋小屋和花园不仅是安静的天堂，还是值得一画的题材。

诗人之声

光明之路

《海中的渔船》
Fishing-Boats at Sea
现收藏于俄罗斯莫斯科普希金国家美术馆

凡·高很少将海洋作为绘画的主题，他笔下的海洋与风景画一样具有动感，并被大自然神秘的力量赋予了一股生机。这是一种对永恒深渊的沉思。

  加歇医生曾建议凡·高"从生活中提取绘画素材，将自己沉浸在风景的细节中，从而摆脱思考的痛苦"。凡·高听从这位良医的忠告，在创作时变得更加全神贯注，然而结果却并不尽如人意，风景画没能缓解凡·高的痛苦，相反凡·高将自己混乱的精神状况带入了风景画中。误入歧途的凡·高越陷越深，迷失在自身狂热的激情中。久而久之，凡·高的创作不再是自由意志下的自发行为，而成了自己生活的真实写照。自我毁灭的致命种子在凡·高的思维中生根发芽。

  尽管凡·高被周围的人视为疯子，但实际上他拥有一种非凡的清醒感，他是一个历经世事却遗世独立的人。不幸的是，当凡·高的艺术开始走上坡路时，他的精神世界却被悲惨的生活反复击碎。

从出生的那一刻起,凡·高便为哥哥的夭折自责;成年后,凡·高爱过的每一个女人都将他拒之门外;忠实的弟弟提奥也有了自己的妻儿,凡·高无法再独占提奥的关怀。最终,凡·高不再奢求他人的理解与爱,在艺术世界中寻找着自己生活中缺失的一切,加倍努力地绘画。

　　"终有一天,凡·高用所有热情和力量浇筑的画作会打破内心禁锢的世界,吹拂去其中的尘土。"阿尔托富有远见的言语不仅阐释了凡·高艺术的重大意义,还预言了凡·高作品的未来命运。对阿尔托而言,凡·高的艺术绝不仅仅是一个简单的美学问题,因为凡·高的艺术理念早已超越表面的绘画形式。凡·高的艺术有着深层次的目标,使他从所有流派和风格的艺术家中脱颖而出。但由于凡·高的作品无法被分类、难以理解甚至具有颠覆性,他注定会遭到同时代社会的排斥。

光明之路

《山地风光》
Mountainous Landscape
现收藏于丹麦哥本哈根嘉士伯雕塑馆

山脉、大地和天空构成了这幅宁静和谐的全景图。散布在山间的小房子象征着人类的存在,在广袤无垠的自然中显得无比渺小。在山峦起伏的地平线之上,有一团人形的云朵似乎正在无声地祈福,向大地伸展着它的双臂。

阿尔托并没有为凡·高进行言辞激烈的辩护,而是把他当作与自己志趣相投的人、一位精神契合的兄弟,因为凡·高所做的斗争和一系列伟大的诗人太过相似:"社会要对维隆、波德莱尔、内瓦尔、尼采、坡、洛特雷阿蒙及凡·高之死负责,至今还没有人真正尝试着去了解他们。"

对阿尔托来说,凡·高似乎从未离去。阿尔托用他那诗人的眼光,以略带责难的语言描述了凡·高肉身的消逝与死亡,反复诉说着:"多么令人抑郁、震惊、悲哀:一个留着淡紫色胡须、苍老疲惫的人,在夏日的一天,朝着肚子开枪自杀⋯⋯"

艺术、正义和灵性构建了诗人诺瓦利斯诗中的"神圣国度",阿尔托便是这个王国中的忠诚臣民之一。那些具有远见卓识的"疯子们"会通过各自的仪式进入这个神圣的国度——凡·高被关进了圣保罗精神病院、尼采在都灵的街头陷入疯狂……

光明之路

《星空》
The Starry Night
现收藏于美国纽约现代艺术博物馆

这是凡·高在阿尔勒时期绘制的最为壮观的作品。整幅画呈现出一种强烈的超自然幻象。

艺术家的解剖

The Autopsy of an Artist

真正的艺术总是具有超前的远见。凭借自身的创新性、创造性及破坏性，真正的艺术会不懈地探索新的可能性，主动与过去决裂，自觉地拒绝公认的教条，挑战既定的秩序。就像所有的进步一样，艺术也建立于对当下的拒绝。

凡·高的独创性在于其艺术的现代性，他超越了严格意义上的具象，做到了艺术目标及功能的根本转变。印象派改变了绘画的方式，而非绘画的本质。而凡·高的艺术作品引入了激情和个人化的全新元素。凡·高的先进性不在于风格或技巧，而在于他真实地描述了自身的感受、经历及强烈的情感。

凡·高的现代性源于一种迫切的表达现实的诉求，而这种诉求是无法通过学院派的形式主义表现出来的，因此凡·高采用了一种与学院派背道而驰的表达方式。凡·高抵制学院派美学，因为他认为学院派美学矫揉造作，作品空洞、缺乏实际意义。他所期望的是，热情慷慨地表达一种充满仁爱与同情的存在观，并将其置于一个比美学更虔诚的维度中：对凡·高而言，艺术能够超越事物的表面，抵达真理。于是，他通过自己的艺术开辟了一条精神重生之路，扫除了一切的虚伪和利己主义。因此，凡·高的艺术从某种意义上说是一种追求真我的信仰。

艺术家的解剖

终其一生，凡·高都在艺术世界里努力探寻人类的理想生活。作为一名有抱负的传道者，他以真诚的态度实践着福音书中的慈善和怜悯。然而，凡·高对传道的热情及对底层人民的同情太过强烈，以至于教会认为他不适合从事传道者的职业，并解除了凡·高的任命。

　　凡·高从未向世界妥协，始终怀着无比崇高的理想，直面与世界碰撞。的确，凡·高的身上有着传教士圣方济各身上不屈不挠的坚韧精神。对那些发现他身上这一宝贵品质的人来说，"文森特先生"已经住进了他们的心田。作为一名艺术家，凡·高在自己的每幅画上签下"文森特"这个名字，以此向每位欣赏他的人表达由衷的敬意。

光明之路

《自画像》
Self-Portrait
现收藏于荷兰阿姆斯特丹的凡·高博物馆

凡·高困扰于肉体与精神的二元对立。在整个艺术生涯中，凡·高都力求超越肉体和精神的极限，不断地寻求消除所有矛盾的灵性火焰，从而揭示人类的真实内在。

航行到夜的尽头

A Voyage to the End of the Night

对一个自成年后便再未享受过安定的家庭生活的人来说，家庭从他出生开始就对凡·高产生了巨大的影响。在虔诚的加尔文主义家庭氛围下，凡·高从小就树立了对光明的终身向往，并一生都在追寻光明和自由，不断超越自我。

凡·高曾如此感叹："为什么对我们来说天上的星星比地图上的点更难以接近？"他的许多作品都揭示了相同的无法实现的渴望。其实，这比乍看一眼要现实得多，因为凡·高所说的并不是身体的旅行，而是心灵的超脱之旅——从他笨拙的身体开始，脚踏实地地完成最终的超越。凡·高在绘画的旅程中也保持着同样的探索，全身心地绘制着另一个不同的世界。

从心理上来说，凡·高就像是一位从人类的黑暗原始时代穿越而来的孩子。母亲的子宫就如同原始人的山洞，凡·高从中探出身子，来到一片空洞的虔诚之地，走进充满苦痛的悲惨世界。

光明之路

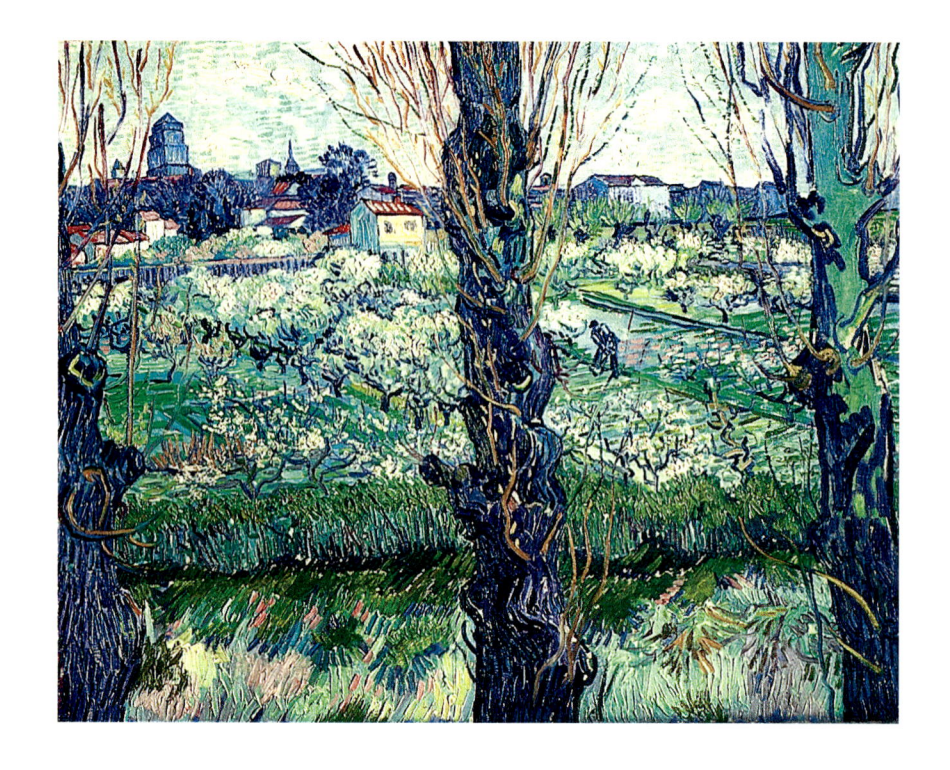

《阿尔勒的风景》
View of Arles

现收藏于德国慕尼黑巴伐利亚国家绘画收藏馆

凡·高经常以阿尔勒及其附近的风景作为绘画主题。在这幅画中,他以自己精确的透视感和线条感描绘出了风景的客观现实。整幅画的色调非常柔和,仿佛在渲染普罗旺斯春天微妙而难以捉摸的色彩一般。

    荷兰的黑暗田野与厚重乌云抚育了凡·高,像监狱般狭窄的天地囚禁着他粗野的身体。凡·高完全不懂得童年的乐趣,他早年的生活鲜为人知,好像蒙着一层神秘的面纱。从一开始,凡·高就注定与世隔绝:他被排挤在世界之外,却又渴望了解这个世界。于是,他只能在那极度孤寂的前哨,观察着世界的神秘。作为世界的弃子,凡·高总是梦想着拥有一双"翱翔在生活之上的翅膀"。

航行到夜的尽头

《夜间漫步》
Evening Promenade
现收藏于巴西圣保罗艺术博物馆

这幅画充斥着米迪夜间泥土的芳香,展现了一种转瞬即逝、梦境般的景象。

光明之路

《灌木》
Undergrowth
现收藏于荷兰阿姆斯特丹的凡·高博物馆

在这幅画中,凡·高将静物简化为和谐的块面和线条,体现出抽象的艺术表现力,反映了一种化繁为简的东方式自然景象。

艺术孕育着超脱,而凡·高已经成了孤立无助和迷失方向的存在。他就像一位渴求入道的和尚,一路上竭力挑战身体的极限,试图摆脱对物质世界的依恋,从而达到无欲无求的境地。随着时间的推移,童年的崇高理想蜕变为成年的梦想。最终,凡·高的梦想遭受到了社会的摧毁,他的精神也随着梦想的破灭而消散。

为了摆脱现实世界的束缚,凡·高的崇高理想要求他不断超越自我,去往另一个更加完美的神圣世界。

对凡·高来说,人世间缺乏灵性。在研读《圣经》的过程中,他始终没有找到解决周遭的痛苦和苦难的答案。凡·高从来不曾崇拜理想化的空灵之神,他崇拜的是人世间真实存在的、充满博爱和兄弟情谊的"神"。他起初试图通过对同胞的绝对奉献来表达神的荣耀,后来又通过他的艺术来诠释。在早期的绘画中,凡·高着迷于刻画苦难。后来,他开始聚焦普通人的尊严和纯朴之美,并将这种特质融入自身的气质中。

《修剪后的柳树》
Pollarded Willow
斯塔弗洛斯·尼阿科斯私人收藏

这幅画采用了一种斜切的构图，暗示着凡·高对现实生活的逃避及对新生活的希望。

光明之路

《铜花瓶里的花贝母》
Fritillary Plant in a Copper Vase
现收藏于法国巴黎奥赛美术馆

这幅画是凡·高众多的花卉习作之一。画作创作于第一届印象派画展之后,显然受到了印象派、点彩派及日本版画的影响。

    凡·高最后的理想——在米迪成立一个艺术家社团——以失败告终。这次失败对凡·高造成了巨大的打击,更导致了他最终的幻灭,因为他真心实意地希望实现这个美好的愿望。

    凡·高的一生充满了苦难:他无法俘获女人的芳心,于是他选择流连于妓院发泄这种痛苦;他与家人、朋友及社会关系破裂,于是他选择默默忍受这种永无止境的疏离……然而,对他而言,个人理想的接连失败才是最为致命的打击。

    圣雷米的圣保罗精神病院是凡·高在奥维尔与悲惨命运相会前的最后一站,所有失败的重负和消极的心理环境都将导致他不可避免地走向死亡。

    自暴自弃之后,凡·高选择直面死亡,他将脸转向7月明艳的阳光,仿佛在进行一种古老的祭祀仪式。

光明之路

行程表

The Itinerary of an Artist

荷兰小镇津德尔特：
1849 年 4 月 1 日，凡·高的父亲特奥多鲁斯（加尔文教牧师）定居此地；1853 年 3 月 30 日，凡·高出生。

塞弗贝亨：
1864 年—1865 年，凡·高在简·普罗维利学校寄宿。

蒂尔堡：
1866 年—1868 年，凡·高在当地汉尼克学院继续学业。

海牙：
1869 年，凡·高入职古皮尔画廊（第十四广场），寄宿于鲁斯家族。

布鲁塞尔：
1873 年，凡·高被派遣到位于布鲁塞尔的古皮尔分部。

伦敦：
1873 年，凡·高被派遣到位于伦敦的古皮尔分部，起初居住在卢瓦耶家族经营的寄宿公寓中，后来与妹妹同住在肯辛顿新街。

巴黎：
1874 年，凡·高来到位于查普塔尔街的古皮尔总部，居住在蒙马特区。

拉姆斯盖特：
1876 年从古皮尔辞职后，凡·高来到英国拉姆斯盖特，在一所学校担任助理牧师。

艾尔沃斯：
1876 年 7 月，凡·高入职斯莱德·琼斯建立的卫理公会教神学院，担任牧师助理。

埃滕：
1876 年 12 月，凡·高于返回荷兰的家乡。

多德雷赫特：
1877 年 1 月—4 月，凡·高在当地的一家书店工作，寄居在克雷根家。

阿姆斯特丹：
1877 年—1878 年，凡·高寄居在叔叔约翰内斯的家中，为神学院入学考试做准备。

皮加勒街：凡·高在这里度过了巴黎的最后时光

凡·高在巴黎与弟弟提奥共同生活在勒皮克街 54 号

凡·高的故事

布鲁塞尔：
　　1878 年，凡·高准备进入当地的福音派学校。

博里纳日：
　　1878 年，凡·高来到比利时的博里纳日煤矿区，并待了整整一年。

布鲁塞尔：
　　1880 年，凡·高回到布鲁塞尔学习绘画及解剖学，居住在米迪大街 72 号。

海牙：
　　1881 年，凡·高寄居在表妹夫安东·莫夫位于施恩韦格 138 号的家中。

德伦特省：
　　1883 年，凡·高辗转于荷兰各省。

纽南：
　　1883 年，凡·高于回到父亲位于纽南的牧师住宅。

安特卫普：
　　1885 年—1886 年，凡·高在安特卫普生活了一年。

巴黎：
　　1886 年 3 月，凡·高暂住拉瓦尔街 25 号；同年 6 月，凡·高搬到拉瓦尔街 54 号；1886 年—1888 年，凡·高频繁出现在当地各大咖啡馆、歌舞厅、剧院、画室。

阿尔勒：
　　1888 年 2 月，凡·高期初住在骑兵街 30 号的卡雷尔旅馆；同年 5 月，他搬去黄房子。次年，凡·高住进了当地的医院。

普罗旺斯地区圣雷米：
　　1889 年—1890 年，凡·高都待在当地的精神病院中。

奥维尔：
　　凡·高居住在奥维尔市政厅的对面。1890 年 7 月 27 日，凡·高开枪自杀未遂，却身负重伤；同月的 29 日，他在阁楼中去世。

行程表

"老爹"唐吉的家：皮加勒街43号

凡·高的故事

年表

A Comparative Chronology

1853 年： 凡·高在津德尔特小镇出生（位于荷兰北部地区）。他是家中的长子，有五个兄弟姐妹。他的父亲特奥多鲁斯是一位加尔文教派牧师，母亲来自海牙著名装订商的家族，三位叔叔是艺术品商人。

1857 年： 凡·高的弟弟提奥出生，此后，提奥一直为凡·高提供经济和精神上的支持。两人的书信触动人心，是一座独特的文字纪念碑。

1864 年： 凡·高前往泽文伯根私立寄宿学校。

1866 年： 凡·高前往汉尼克学院。

1869 年： 凡·高前往海牙古皮尔画廊实习，他成了左拉与都德的热情读者，经常会在写给提奥的信中提及他们的作品。

1873 年： 凡·高在巴黎逗留了一段时间。然后，凡·高接受古皮尔画廊的委派前往伦敦，并寄宿在卢瓦耶家族，不久后，凡·高爱上了卢瓦耶家的女儿厄休拉。

1874 年： 凡·高与厄休拉不和，于是搬到肯辛顿新街上的常春藤别墅和妹妹一起生活。10 月，凡·高返回巴黎，后再次启程前往伦敦。

1875 年： 凡·高来到古皮尔在巴黎的分部，研读《圣经》。

1876 年： 凡·高从古皮尔辞职，前往埃滕。4 月，凡·高前往拉姆斯盖特，进入威廉·波特·斯托克斯牧师的一所小学校工作。该学校后搬迁到伦敦郊区的伊斯沃斯。7 月，凡·高被任命为卫理公会牧师斯莱德·琼斯开办的一所新学院的助理牧师。由于身体抱恙，圣诞节期间，凡·高重回埃滕。

1877 年： 凡·高在多德雷赫特的一家书店里上班，后搬到阿姆斯特丹，与叔叔约翰内斯同住，为神学院考试做准备。

1878 年： 7 月，凡·高离开阿姆斯特丹，搬到布鲁塞尔，从事由波克马领导的福音传道任务；三个月后，凡·高被解雇。同年，凡·高搬到比利时博里纳日煤矿区，开始向当地的穷人宣讲福音。

1879 年： 凡·高被派往瓦斯梅宣讲福音，但由于过分热情，六个月后他就被解雇了。于是，凡·高又回到博里纳日的奎姆。

1880 年： 凡·高拜见敬仰的画家裴鲁·布尔顿未果，后搬到布鲁塞尔，和画家范·拉帕德成了朋友。

1881 年： 凡·高回到埃滕，告诉父亲自己想成为一名艺术家。他爱上表妹凯特，却惨遭拒绝。凡·高去海牙看望同为画家的表妹夫安东·莫夫。

1882 年： 凡·高搬到海牙，投靠安东·莫夫，莫夫为凡·高提供了精神和财政上的支持。凡·高偶遇西恩（一个怀孕和酗酒的妓女）。

1883 年： 在家人和朋友的敦促下，凡·高离开西恩，回归父亲位于纽南的牧师住宅。

1884 年： 凡·高离开父亲的宅邸，搬到纽南天主教堂的教堂司事的住所。他和玛戈特·贝格曼展开一段暧昧的关系，贝格曼后来曾试图自杀。

1885 年： 3 月 26 日，凡·高的父亲在纽南去世。同年，凡·高完成了自己的第一幅主要画作《吃土豆的人》。凡·高被指控勾引一个当地的农家女孩，因此教区牧师禁止村民做他的模特。凡·高搬到安特卫普，受到鲁本斯的影响，在绘画中引入了更丰富的色彩。

1886 年： 凡·高就读于安特卫普美术学院，并与画家贺拉斯·曼·利文斯相遇。因为身体抱恙，凡·高搬到提奥的家中调养，并与印象派画家德加、毕沙罗、莫奈、雷诺阿、西斯莱、修拉及西涅克相识。12 月，凡·高与高更会面。

1887 年： 凡·高与铃鼓咖啡馆的女老板阿戈斯蒂娜·塞加托里相恋；与安克坦、伯纳德、高更、图卢兹-罗特列克一起举办画展。在这一时期，凡·高经常光顾唐吉老爹的画具店。

1888 年： 2 月 20 日，凡·高抵达阿尔勒，并在卡雷尔酒店订了一个房间。凡·高在黄房子里租下四个房间，希望建立一个艺术家社团。10 月，高更来到黄房子；12 月，凡·高割掉了自己的耳朵。

1889 年： 5 月，凡·高于进入圣雷米的圣保罗精神病院接受治疗；11 月，布鲁塞尔的"20 人小组"画展上展出了凡·高的部分画作。

1890 年： 阿尔伯特·奥里埃在《文雅信使》中发表关于凡·高的文章。1 月，提奥的儿子出生。根据好友毕沙罗的建议，凡·高于 5 月 20 日搬到奥维尔。加歇医生接手凡·高的治疗工作。7 月 27 日，凡·高自杀未遂，身受重伤。两天后（7 月 29 日）离世。

原版书作品索引

Index of Works

I

Agostina Segatori at the Tambourin Café, p. 156
Almond-Tree Branch in Flower, p.131
Alyscamps (The), p. 167
Antwerp Quai, p. 96
Antwerp Under the Snow, p. 97
Arlésienne (The) (Madame Ginoux), p. 139
Auvers Plain Under a Cloudy Sky, p. 195
Auvers Plain, p. 7

Beach Scene, p. 23
Behind the Schenkweg, p. 53
Bell-Tower in Nuenen Cemetery, p. 59
Berceuse (La) (Madame Roulin), p. 141
Boats on the Beach of Saintes-Maries-de-la-Mer, p. 165
Boots, p. 46
Boulevard de Clichy, p. 109
Bridge at Courbevoie (The), p. 125
Bridge at Langlois (The), p. 147
Butte Montmartre (La), p. 119

Café at Night (The), p. 157
Café in the Evening (The), p 155
Carriage Station (The), p. 19
Chair and Pipe (Vincent's Chair), p. 170
Chapel in Nuenen (The), p. 57
Church at Auvers (The), p. 185
Corridor of the Saint-Paul Asylum, p. 181
Cottage (The), p. 26
Cottage with Peasant Woman and Goat, p. 63
Cottages in Cordeville, p. 173
Cypress Tree and Two Women, p. 201

Daubigny's Garden, p. 186
Doctor Gachet's Garden, p. 168

Entrance to the Public Gardens in Arles, p. 161
Evening Promenade, p. 213

Factories in Clichy, p. 121
Festival in Montmartre (A Corner of Montmartre), p. 117
Fields Under a Stormy Sky, p. 191
First Steps, p. 79
Fishing-Boats at Sea, p. 205

Flowers and Bottle, p. 94
Four Sunflowers, p. 202
Fourteenth of July in Paris, p. 93
Fritillary Plant in a Copper Vase, p. 217

Garden of the Saint-Paul Asylum, p. 179
Gauguin's Armchair, p. 171
Girl in the Forest (The), p. 21
Green Vines, p. 175
Guinguette (The), p. 69
Gypsy Caravans, p. 162
Harvest in Provence, p. 83
Haystacks in Provence, p. 82
Hospital at Arles (The), p. 178
Hospital Garden in Arles, p. 183

Irises, p. 4
Italian Woman (La Segatori) (The), p. 89

Japonaiserie: Plum Trees in Blossom, p. 133

Landscape at Auvers with Cart, Train and Houses, p. 193
Leaving for Work, p. 76
Lieutenant of the Zouaves (The), p. 143
Loom (The Weaver) (The), p. 49

Mademoiselle Gachet at the Piano, p. 189
Mademoiselle Gachet in Her Garden, p. 188
Market Gardens, p. 148
Moulin de la Galette (The), pp. 116, 118
Mountainous Landscape, p. 207

Nourrice (La) (The Wetnurse), p. 92

Olive Trees, p. 103
On the Banks of the Seine, p. 123
On the Threshold of Eternity, p. 152

Painter on the Road to Tarascon (The), p. 9
Paris Under the Snow (Gustave Caillebotte), p. 107
Path with Poplars Near Nuenen, p. 15
Peasant Girl with Bonnet, p. 199
Peasant Sheaving Wheat, p. 77

原版书作品索引

Peasant with Cap, p. 24
Peasant Woman and Hearth, p. 64
Peasant Woman with White Bonnet, p. 80
Père Tanguy, p. 129
Pieta, p. 115
Pollarded Willow, p. 215
Poplars in Autumn, p. 45
Portrait of a Woman, p. 95
Portrait of Camille Roulin, p. 140
Portrait of Doctor Gachet, p. 184
Portrait of Doctor Rey, p. 180
Portrait of Eugene Boch, p. 200
Portrait of Patrice Escalier, p. 142
Portrait of Tanguy, p. 127
Portrait of the Artist's Mother, p. 138
Potato Eaters (The), p. 65
Presbytery Garden at Nuenen in Winter (The) p. 18
Presbytery in Nuenen (The), p. 13
Prisoners Exercising, p. 176

Rain, p. 192
Ravine des Peyroulets (The), p. 174
Reaper (The), p. 78
Rear Garden, p. 203
Reclining Nude, p. 87
Restaurant Interior, p. 159
Road with Cypress Tree, p. 196
Roulin the Postman, p. 143

Saint-Paul Asylum in Saint-Rémy (The), p. 182
Self-Portrait with Easel, p. 135
Self-Portrait with Felt Hat, p. 136
Self-Portrait with Pipe, p. 16
Self-Portrait with Severed Ear, p. 177
Self-Portrait, pp. 5, 28, 29, 30, 31, 32, 33, 34, 35, 67, 98, 101, 134, 137, 211
Sheather (The), p. 75
Shed with Sunflowers, p. 120
Sheep-Shearer (The), p. 74
Sien Smoking a Cigar, p. 51
Siesta (The), p. 73
Sirène (La), Restaurant at Asnières, p. 158
Skull with Cigarette, p. 17
Small Holdings (The), p. 25
Sorrow, p. 50
Sower (The), pp. 81, 84, 85
Starry Night (The), p. 209
Starry Night on the Rhône, p. 99
Statuette, p. 86
Steps at Auvers (The), p. 198
Still Life with Bottles and White Bowl, p. 39
Still Life with Domestic Objects, p. 40

Still Life with Drawing Board and Onions, p. 151
Still Life with Lemons and Blue Gloves, p. 71
Still Life with Open Bible, p. 37
Still Life with Plaster Statuette and Books, p. 150
Still Life, p. 130
Still Life: Cabbage, Clogs and Potatoes, p. 14
Still Life: Earthen Pot and Clogs, p. 41
Sunday at the Grande Jatte (A) (Georges Seurat), p. 106
Sunflowers, p. 120
Sunset at the Chateau d'Auvers, p. 197

Tarascon Coach (The), p. 163
Thatched Cottage at the Close of Day, p. 47
Tulip Fields in Holland, p. 43
Undergrowth, p. 214

Van Gogh in 1871, p. 12
View of Arles, p. 212
View of Auvers, p. 187
View of Montmartre, p. 66
View of Paris From Montmartre (The Rooftops of Paris), p. 113
View of Paris From Vincent's Room on Rue Lepic, p. 108
View of Paris, p. 111
View of Saintes-Maries-de-la-Mer (A), p. 146
Vincent's Room in Arles, p. 153
Voyer d'Argenson Gardens in Asnières (The): The Lovers, p. 122

Water-Mill at Gennep (The), p. 61
Wheat Field and Cypresses, p. 169
Wheat Field with Crows, p. 190
Wheat Field with Skylark, p. 172
Wheat Sheaves, p. 62
Woman and Cradle, p. 91
Wood Auction (The), p. 27
Woodcutter (The), p. 72
Working Girl, p. 55

Yellow House (The), p. 149

Zouave (The), p. 145

凡·高的故事

原版书作品版权

Photographic Credits

Archives ACR, DR et : Art Institute of Chicago, Chicago, p. 106. Boymans-Van Beuningen Museum, Rotterdam, p. 15. Collection Oskar Reinhart, Winterthur, p. 178. Chasserot, Annette, p. 219, 221. Fogg Art Museum, Cambridge (Mass.), p. 101. Hiroshima Museum of Art, Tokyo, p. 186. Kröller-Müller Stichting, Otterlo, pp. 21, 39, 49, 51, 53, 62, 82, 84, 103, 118, 119, 146, 147, 150, 151, 152, 155, 159, 174, 175, 196. Museum of Art, Baltimore, p. 46. Museum of Fine Arts, Boston, p. 143. Museum of Modern Art, New York, pp. 181, 209. Musée du Petit Palais, Genève, p. 107. National Gallery of Art, Washington, p. 43. National Gallery, Londres, pp. 169, 170. Ny Carlsberg Glyptothek, Copenhague, p. 207. Phillips Collection, Washington, p. 161. Réunion des Musées Nationaux, Paris, pp. 69, 89, 137, 139, 158, 162, 168, 184, 185, 188, 200, 217. Rijksmuseum Vincent van Gogh, Amsterdam, pp. 4, 12, 14, 16, 17, 25, 35, 47, 50, 55, 65, 80, 81, 117, 120, 123, 125, 130, 131, 133, 140, 141, 148, 149, 153, 165, 171, 172, 190, 191, 214. Saint Louis Art Museum, Saint Louis (Missouri), p. 198. Yale University Art Gallery, New Haven, p. 157.

图书在版编目（CIP）数据

凡·高的故事 /（法）让-雅克·莱维柯著；汪畅译
. -- 上海：上海书画出版社, 2020.9
（画说印象派）
ISBN 978-7-5479-2465-5

Ⅰ. ①凡… Ⅱ. ①让… ②汪… Ⅲ. ①凡高 (Van Gogh, Vincent 1853-1890) —生平事迹 Ⅳ.
① K835.635.72

中国版本图书馆 CIP 数据核字 (2020) 第 168428 号

Original Title: Vincent Van Gogh
Author: Jean-Jacques Lévêque
Original Version © ACR Edition Internationale, Courbevoie, Paris,1998
Text translated into Simplified Chinese © Tree Culture Communication Co., Ltd., 2020
Exclusive distribution and sales rights in the PR of China only (no rights in Taiwan, Hong Kong and Macau)
No part of this publication many be reproduced, stored in a retrieval system or transmitted in any form or by any means without the prior permission of the publisher.
上海树实文化传播有限公司出品，图书版权归上海树实文化传播有限公司独家拥有，侵权必究。Email: capebook@capebook.cn

合同登记号：图字：09-2020-973

画说印象派
凡·高的故事

著　　者	【法】让-雅克·莱维柯
译　　者	汪　畅
策　　划	王　彬　黄坤峰
责任编辑	黄坤峰
审　　读	雍　琦
技术编辑	包赛明
文字编辑	钱吉苓
装帧设计	树实文化
封面设计	半和创意　树实文化
出版发行	上海世纪出版集团 上海书画出版社
地　　址	上海市延安西路593号　200050
网　　址	www.ewen.co www.shshuhua.com
E-mail	shcpph@163.com
印　　刷	上海中华商务联合印刷有限公司
经　　销	各地新华书店
开　　本	889×1194　1/24
印　　张	9.5
版　　次	2020年10月第1版　2020年10月第1次印刷
印　　数	0,001-6,000
书　　号	ISBN 978-7-5479-2465-5
定　　价	88.00元

若有印刷、装订质量问题，请与承印厂联系